일본어 교재론

−교과서·그림교재·사진교재·노래교재·산교재(生教材)를 중심으로−

천호재 윤주희 **공저**

제이앤씨
Publishing Company

서언

본서의 주제는 일본어 교재이다. 필자가 교재에 관심을 가지는 것은 교재가 교실활동을 효과적으로 운영해 나가는 중요한 도구가 되기 때문이다.

교재는 교구라는 말과 혼용되면서 사용되곤 하는데, 교재·교구라는 것은 교실활동을 뒷받침하고 학습자들의 학습이 원만하게 이루어지도록 돕는 도구나 수단을 말한다. 구체적으로 말하면 교재는 학습 내용(=실러버스)을 구체적으로 나타낸 것으로 예를 들면 교과서, 북마크, 회화 테이프, 비디오 교재 등을 들 수 있다. 교구는 교실활동이 순조롭게 이루어지는 것을 돕는 도구로 예를 들면 칠판, 그림교재, 오십음도, 테이프 레코더 등을 들 수 있다.[1] 그런데 교재와 교구의 구별은 그리 간단하지 않다. 예를 들면 오십음도는 히라가나와 가타가나라는 학습 내용을 담고 있기 때문에 교재로 생각할 수 있지만, 반면에 히라가나와 가타가나를 가르치는 도구로도 생각되어질 수 있으므로 교구라고도 할 수 있다. 이에 본서에서는 교재를 교구와 구별하지 않고 일괄하기로 한다.

고바야시 미나(小林ミナ 1998: 100 - 116)와 가와구치·요코미조(川口·橫溝 2005: 67 - 112)에 의하면 일본어 교재의 종류로 다음과 같은 것이 있다고 한다.

1) **교과서** : 학습자의 학습 목적(needs) 분석의 결과에 의거하여 제작된 것.
2) **모듈형 교재** : 각 단원이 각각 완결되어 있으며, 어느 것을 어느 순서로 가르치는가를 자유로이 결정할 수 있는 교재.
3) **산교재**(生教材) : 교육을 위하여 만들어진 교육 교재가 아닌, 실제로 사용되고 있는 소재를 교재로 이용하는 경우, 그 소재를 말한다.
4) **테이프 교재** : 모델의 제시(회화나 발음 연습의 모범이 되는 아나운서의 음성을 들려 주는 것), 딕테이션(dictation, 음성을 듣고 문자로 쓰는 것), 청취 연습 등에 사용되는 것.

---

1) 코바야시 미나(小林ミナ 1998: 98)에서 인용함.

5) **비디오 교재와 레이저 디스크 교재** : 양쪽 모두 음성을 동반한 동영상을 제시하는 기능을 가진다. 정지화면인 그림이나 사진, 음성 정보만의 테이프 교재와 비교하여 훨씬 많은 정보를 제시할 수 있다.

6) **CAI와 CALL** : CAI(Computer Assisted Instruction)는 교육을 목적으로 하는 컴퓨터 이용법을 말한다. CALL(Computer Assisted Language Learning)은 언어교육을 목적으로 하는 컴퓨터 이용법을 말한다.

7) **멀티미디어 교재** : 정보의 디지털 처리가 가능한 복수의 미디어를 통합적으로 조합하여 만들어진 교재이다.

8) **문자 카드** : 히라가나, 가타가나, 한자 등이 씌여진 카드이다.

9) **오십음도** : 히라가나와 가타가나가 씌여진 일람표를 말한다.

10) **실물 교재(realia)** : 교구로 사용되는 실물을 말한다.

11) **그림교재 · 사진교재** : 그림이나 사진을 교재로 하는 경우.

12) **OHP(over head projector)** : OHP 시트라고 불리는 투명한 시트를 광원 위에 두고 반사, 확대하여 투영하는 기기이다.

13) **슬라이드** : 포지 필름을 영사기로 투영하면서 학습이 이루어지게 하는 것.

14) **롤 카드** : 역할극(role play)을 할 때 학습자 각자의 역할이나 상황 설명을 할 때에 사용되는 카드를 말한다.

15) **노래** : 노래를 일본어 학습에 이용하는 것.

네 번째의 테이프 교재와 비디오 교재는 머지않아 퇴출 위기를 맞이할 것으로 보인다. 현재 시판 중인 교재 중에 테이프가 딸린 교재는 거의 찾아볼 수 없으며, 레이저 디스크 교재(CD) 역시 들어 있지 않은 교재도 많다. 이들을 대신하여 MP3나 동영상 파일이 대세를 이루고 있는 실정이다. 반면에 CAI와 멀티미디어 교재의 눈부신 약진이 이루어지고 있다. 그러나 위에서 제시한 교재 및 교구들이 무의미하다는 것은 아니다. 교실에 컴퓨터(파워포인트)가 없으면 오랫동안 방치되어 온 OHP가 훌륭한 교구가 될 수 있기 때문이다.

본서에서는 이들 교재 중에서 교과서와 산교재, 그림교재, 사진교재, 노래에 주목하여 논의를 진행해 나가고자 한다. 교과서는 교사와 학습자에게 학습 내용을 제시하고 학습 방법에 대한 다양한 지침을 제공하는 중요한 학습 도구가 될 수 있으며, 교과서의 내용적인 면과 질적인 면에 따라서 학습의 성패가 좌우된다고 해도 결코 과언이 아니기 때문에 교과서를 분석하는 것은 매우 중요하다고 할 수 있다. 산교재는 실제로 일본의 일상에서 사용되는 소재를 이용하므로 수업에서 학생들을 집중시키기가 용이하다. 그림교재는 불필요한 정보를 삭제하고, 원하는 정보를 의도적으로 부각시킬 수 있고, 학습자로 하여금 간단한 행위를 불러일으키는 자극체로 이용할 수 있기 때문에 그 존재 가치가 각별하다고 할 수 있다. 그리고 사진교재는 그림교재에서는 찾아볼 수 없는 현실감과 현장감을 줄 수 있기 때문에 학습 효과를 높일 수 있다는 이점이 있다. 마지막으로 노래는 따분한 수업 분위기를 반전시키고, 학습자의 흥미를 드높일 수 있다는 이점이 있다. 특히 노래 가사에 들어 있는 메시지를 학습자에게 전달할 수 있으며, 그 결과 학습자의 정서 함양에 영향을 미칠 수 있다는 이점이 노래에는 있다.

본서는 제1부와 제2부로 구성이 되어 있다. 제1부에서는 대학 초급일본어 교재에 나오는 삽화, 교수항목(syllabus), 연습문제, 문형연습, 문화(전통문화, 대중문화, 생활문화)적 요소를 관찰하고 거기에서 드러나는 교육적 효과 등을 살펴보면서 이들 요소들이 궁극적으로 일본어 학습자들에게 어떤 학습효과를 가져 올 수 있는지, 또한 각 대학의 초급일본어 교과서가 어떠한 점에서 공통점과 차이점을 지니는지를 고찰한다.

제2부에서는 그림교재, 사진교재, 노래교재, 산교재를 활용한 교실활동에 대해 고찰하고자 한다. 그림교재는 불필요한 여분의 정보를 삭제할 수 있으므로 학습자들에게 명확한 자극체를 제시할 수 있다는 점에서 매우 중요한데, 문제는 이러한 그림교재의 이점에도 불구하고 선화(線畵)와 약화(略畵)가 주축을 이루는 그림그리기가 말만큼 쉽지 않다는 것이다. 따라서 제2부 제1장에서는 선화와 약화에 대해서 소개하고, 교직과목(일본어교육론)을 이수한 학습자들이 실제로 그린 선화와 약화를 제시하고자 한다. 학습자들이 그린 그림을 통해, 누구라도 그림교재의 이점을 살려서 교실활동에서 다양한 자극체를 지닌 그림교재를 제작할 수 있다는 사실을 필자는 강조할 것이다. 그리고 사진교재는 이미 언급한 바와 같이 그 특유의 현장감과 현실감으로 인해 교육 효과가 매우 크다는 점인데, 제2부 제2장에서는 필드 트립의 선정과 루트 확보, 그리고 필드 트립에서 보는 정경, 사물 등에 관련된 사진을 제시하여, 기존의 사진교재가 언어 4기능 교육과 문화교육으로 그 기능을 극대화할 수 있음을 강조할 것이다. 제2부의 제3장에서는 사진을 통해서 일본의 이미지 학습과 언어 4기능 향상방안에 대해 논의할 것이다. 제2부 제4장에서는 노래교재를 활용한 수업 방안을 제시한다. 노래는 침체된 수업 분위기를 반전시키며 학습자의 정서를 함양할 수 있다는 이점으로 인해, 그 역시 교육효과가 매우 크다고 할 수 있다. 따라서 제2부 제4장에서는 필자가 실제로 교실활동에서 노래교재를 활용한 과정을 제시하고자 한다. 마지막으로 제2부 제5장에서는 산교재를 활용한 일본어 쓰기 및 읽기 방안에 대해 논의한다.

본서에서 제1부는 필자의 제자인 윤주희 양이 자신의 학위논문을 수정한 것이며, 제2부는 필자가 신규로 작성한 것이다. 제1부의 내용은 삽화, 교수항목, 드릴 유형, 언어 조작 문형연습, 문화콘텐츠라는 개념으로 대학 초급일본어 교과서를 비교 분석하고 있으므로 궁극적으로 이러한 분석들이 일본어 교재의 삽화 제작, 교수항목의 배열법, 다양한 유형의 연습문제 개발, 교재에 반영할 다양한 문화콘텐츠의 배열 방식에 많은 관심을 지닌 독자들에게 유익한 정보를 제공해 줄 것으로 확신한다. 그리고 제2부에서는 그림교재, 사진교재, 노래교재, 산교재를 활용한 교실활동에 다양한 지견을 독자들에게 제공해 줄 것으로 믿는다.

미약하나마 본서가 세상에 모습을 드러낼 수 있게 된 것은 제이앤씨의 윤석현 실장님의 덕분이다. 그리고 원고의 정리에서 편집, 제작에 이르기까지 많은 고생을 해 주신 제이앤씨 출판사 관계자들에게도 깊은 감사의 뜻을 전하는 바이다.

2011. 2
천호재・윤주희

목 차

제1부

대학 초급일본어
교과서 분석

일본어 교재론

제1장

1.1 본 연구의 목적 및 의의

빠르게 변하는 국제화, 정보화 시대의 흐름에 능동적으로 대처하기 위해서 외국어교육은 지식 중심의 국제화 사회에 매우 큰 역할을 하고 있다. 또한 외국어는 나날이 진화하는 인터넷, 대중매체 등에 많은 영향을 끼치고 있기 때문에 이제 외국어는 결코 간과할 수 없는 하나의 필수 요소로 자리매김하고 있다. 이러한 의미에서 외국어교육의 중요성은 아무리 강조해도 지나침이 없다. 그로 인해 각종 교육기관에서는 외국어교육을 한층 더 강화하고 있으며 외국어는 더 이상 선택이 아닌 필수의 길을 걷고 있다고 해도 과언이 아니다. 만약 개인적으로 외국어 학습을 소홀히 하고 그 결과 언어적 장벽을 극복하지 못한다면 여러 분야에서 어떤 형태로든 자신의 한계점이 드러날 수 밖에 없을 것이다.

이는 일본어의 경우도 예외는 아니다. 한일 국교 정상화 이후 일본학과가 정식으로 대학에 설치된 이래, 대학교에서 뿐만 아니라 고등학교에서도 제2외국어를 학생들에게 가르치기 시작한지 상당히 오랜 시간이 지났다. 2000년대에 들어서서 대입 수학능력시험에서도 제2외국어로서 당당히 일본어가 채택되어 수많은 학생들이 일본어 시험을 치러 왔다. 또 제2외국어 과목 중에서 일본어는 학생들에게 관심과 인기가 가장 높은 과목[1]이라는 점에서 더욱더 일본어교육의 중요성을 확인할 수 있다. 이런 흐름에 따라 각 고등학교에서는 제2외국어로서 일본어를 채택하는 비중이 점점 높아지기 시작하였으며 일본어의 위치와 중요도도 그 위상에 걸맞게 높아지고 있다. 또 한국과 일본은 역사적으로도 오래된 연관성이 있었고 그 외 지리적으로도 아주 가깝기 때문에 두 나라의 문화나 언어 사이에는 서로 친밀감을 가지게 하는 요소가 많이 내재되어 있다.

---

1) 교육인적자원부가 2005년 생활외국어 채택 현황을 조사한 자료에 따르면 전체 고등학교 중에서 76%가 제2외국어로 일본어를 채택하고 있는 것으로 나타났다.

이러한 특징들을 지니는 일본어를 가르치고자 할 경우, 여러 가지가 고려되어야 하는 것 가운데, 교과서를 생각해 볼 수 있다. 왜냐하면 교과서는 교사와 학생에게 학습 내용을 제시하고 학습 방법에 관한 지침을 제공하는 중요한 도구라고 할 수 있기 때문이다. 또 교과서의 내용적인 면과 질적인 면에 따라서 학습의 성패가 좌우된다고 해도 과언이 아니라는 점에서 교과서의 중요성을 진지하게 생각해 볼 수 있다.

이러한 교과서의 중요성에도 불구하고 현재 국내에서 시판되고 있는 대부분의 일본어 교과서는 제대로 된 교수법이나 체계적인 연구에 바탕을 두지 않은 흥미위주의 교과서가 상당수를 이루고 있음을 볼 수 있다. 또 내용면에서도 다른 교과서와 차별화되지 않고 저자가 임의대로 제작한 교과서가 많은 것도 아쉬운 점이라 할 수 있다. 그리고 일본어 교과서 중에는 고교생 중심의 교과서(제12종 교과서)가 압도적으로 많은데, 대학 교과서에 비해 그 종류도 다양하고 내용이 알찬 교과서들이 상당히 많음을 볼 수 있다. 그러나 고등학교 교과서에 게재된 다양한 교수항목(예를 들면, 삽화나 문화 교수항목)은 대부분 고교생 중심으로 맞추어져 있어 대학생이 학습하기에는 방향성이 조금 다르다고 생각된다.

이에 본서에서는 연구가 그다지 진행되어 오지 않은 대학 초급일본어 교과서를 분석하고자 한다. 일반적으로 대학 초급일본어 교과서는 저자가 모두 일본어를 전공하고, 직접 수업 현장에서 일본어를 지도하는 교수님들이다. 그러므로 다른 국내 시판용 교과서에 비해 훨씬 체계적이고 일본어 학습자들에게 있어서도 학습이 용이할 것이라는 전제 하에 대학 초급일본어 교과서를 채택하게 되었다.

본서에서는 대학 초급일본어 교과서에 나오는 삽화, 교수항목(syllabus), 연습문제, 문형연습, 문화(전통문화, 대중문화, 생활문화)적 요소를 관찰하고 거기에서 드러나는 교육적 효과 등을 살펴보면서 궁극적으로 일본어 학습자들에게 어떤 학습 효과를 가져 올 수 있는지, 또한 각 대학의 초급일본어 교과서가 어떠한 점에서 공통점과 차이점이 있는지를 알아보고자 한다.

본 연구의 목적을 구체적으로 언급하면 다음과 같다.

첫째, 대학 초급일본어 교과서에 게재된 삽화를 비교 분석하는 것에 의해 대학 교과서별로 나타난 삽화 유형과 학습자에게 미치는 교육적 효과를 살펴보고사 한다.

둘째, 대학 초급일본어 교과서에 나타난 교수항목을 비교 분석하여, 각 대학 교과서별로 어떤 교수항목을 도입하고 있는지, 그 분포에 있어 차이가 난다면 어떠한 차이가 보이는지를 살펴보고자 한다.

셋째, 각 대학 초급일본어 교과서의 연습문제에 나타난 유형을 비교하는 것에 의해 각 대학의 초급일본어 집필자의 연습문제에 대한 태도(집필 의도)를 살펴보도록 하겠다.

넷째, 각 대학별 초급일본어 교과서에 나타난 문형연습의 유형을 알아보고 최종적으로 어떠한 차이가 나타나는지를 살펴보고자 한다.

마지막으로 각 대학별 초급일본어 교과서별로 나타난 일본문화적 요소를 비교하는 것에 의해 집필자의 문화지도에 대한 태도를 살펴보고자 한다.

1.2 본 연구의 의의

본 연구의 의의는 다음과 같다.

먼저 본 연구를 통해서 본 연구자가 임의로 선정한 대학 초급일본어 교과서의 삽화 유형을 파악할 수 있으며, 궁극적으로 금후의 교과서 집필에 있어 필연적으로 동반되는 삽화와, 특정한 삽화가 주는 교육적 효과를 미리 예견할 수 있도록 할 것이다. 즉 삽화는 무전략적으로 아무런 의미없이 그냥 그려지는 것이 아니라 이미지화를 통해서 장기기억을 도모하기 위해 그려져야 한다는 것을 강조할 것이다.

둘째, 교수항목(syllubus)이 무조건적으로 선정되고 배열되는 것이 아니라는 것을 알게 될 것이다. 집필자가 학습자의 의사소통을 주안점으로 삼고 있다면, 과연 집필자의 주안점에 맞는 교수항목이 배열되어 있는지, 특정한 교수항목의 배열이 궁극적으로 어떠한 학습 효과를 가져올 수 있는지에 대한 판단이 가능해질 것이다.

셋째, 연습문제의 전략적 구성에 대한 지식이 갖추어지게 될 것이다. 연습문제 역시 무전략적으로 아무렇게나 만들어지는 것이 아니라, 각과의 특성(문법, 어휘, 독해, 발음, 문자)이나 언어 4기능(듣기, 읽기, 말하기, 쓰기) 영역에 관련된 사항에 맞는 적절한 연습문제가 필연적으로 만들어져야 하며, 그렇게 하는 것에 의해서 특정 언어 항목에 대한 장기기억이 가능해질 것이라는 사실을 알게 될 것이다.

마지막으로, 본서를 통해서 본문이나 본문 이외의 공간에 배치될 문화적 요소에 대한 전략적 선택이 가능해질 것이다. 각 대학의 초급일본어 교과서에 실린 문화 내용(전통문화, 생활문화, 대중문화)이 무분별하게 배치되는 것이 아니라, 각 문화의 특성과 중요성을 고려하여 어떠한 항목을 추가할지, 또는 삭제할지를 고려할 계기를 본서는 마련해 줄 것이다.

본서를 통해서 일본어 교과서의 삽화 제작, 다양한 교수항목의 배열, 다양한 유형의 연습문제 개발, 교과서에 반영할 문화콘텐츠의 추가 및 삭제에 관련된 다양한 지견을 얻게 될 것으로 확신하는 바이다.

⊂ 1.3 본 연구의 구성

본 연구에서는 한국 4년제 대학(대구시 소재의 4년제 3개 대학) 초급일본어 학습자가 배우는 교과서를 중심으로 분석하였다.

먼저, 계명대학교(이하에서는 계명대학교 초급일본어 교과서1은 'KM(1)', 초급일본어 교과서2는 'KM(2)'로 약칭한다.)와 경북대학교(이하에서는 경북대학교 초급일본어 교과서1을 'KB(1)', 초급일본어 교과서2를 'KB(2)'로 약칭한다.), 그리고 영남대학교(이하 영남대학교 초급일본어 교과서1을 'YN(1)', 초급일본어 교과서2를 'YN(2)'로 약칭한다.)에서 사용되는 교과서를 분석 대상으로 선정하였다. 이를 표로 나타내면 다음과 같다.

표1 고찰의 대상으로 선정한 대학 초급일본어 교과서

학교명	단원의 구성	지은이	출판사	표시
계명대학교	1~15과 1~15과	나성영 홍민표	계명대학교 출판부 (2008)	초급일본어1=KM(1) 초급일본어2=KM(2)
경북대학교	1~14과 1~14과	고정도 왕태웅 이준섭 채수도	제이앤씨 (2008)	초급일본어1=KB(1) 초급일본어2=KB(2)
영남대학교	1~12과 1~15과	최연 나공수 김양선 이누이히로시(YN(1)) 키쿠치세이치(YN(2))	영남대학교 출판부 (2007)	초급일본어1=YN(1) 초급일본어2=YN(2)

각 대학별 초급일본어 교과서의 집필자의 집필 의도를 소개하면 다음과 같다.

KM(1)에서는 실제 생활에서 활용할 수 있는 일본어 기초를 다질 수 있도록 하였으며, 교과서에 나오는 모든 단어에 악센트를 표기하여 정확하게 발음을 하도록 하였다. 교과서에 나오는 모든

어휘를 사전식으로 찾을 수 있도록 하였으며, 사용 빈도가 높고 쉬운 어휘를 많이 제시하였다. 그리고 한자읽기를 보완하였으며 학습자들의 수업 참여를 극대화하기 위해 교과서를 수업 중심적으로 구성하였다.

KM(2)에서는 일본인과의 의사소통 능력 배양에 초점을 맞추었으며 고도의 일본어 능력을 쌓기 위한 기초 학습에 중점을 두었다. 문형연습을 통하여 문법 습득을 용이하게 하였으며 예문을 보완하였다. 한자읽기 및 습득에도 불편함을 없앴으며 중요한 단어에 악센트 표기를 병기하여 발음을 정확하게 익힐 수 있도록 하였다.

KB(1)과 KB(2)에서는 일본어 학습자의 의사소통 기능 향상에 역점을 두고 본 교과서에서 익힌 문형들이 바로 실생활에 응용될 수 있도록 교과서 본문을 구어체 회화문으로 구성하였다. 본문, 기본문형, 어구 설명, 연습문제, 작문으로 구성하였다.

YN(1)에서는 일본어 문자의 쓰기연습과 발음을 실례를 들어 손쉽게 습득이 가능하도록 하였으며, 각과마다 학습 항목을 정하여 학습 목표를 제시하였다. 본문에 나오는 모든 단어를 정리하고 보다 완전한 문법 및 문형 습득이 가능하도록 예문을 많이 들었다. 각 과의 마지막에 다양한 연습문제를 제시하였으며, 각과에 나오는 문형을 토대로 회화연습을 할 수 있도록 하였다. 일본사회와 문화에 관련된 사항도 폭넓게 소개하였다.

YN(2)에서는 학습자의 의사소통 능력 향상을 위해 언어4기능(읽기, 쓰기, 말하기, 듣기) 습득이 가능하도록 교과서를 편집하였다. 기본적인 문형 학습뿐만 아니라 실용적이고 생동적인 일본어 습득이 가능하도록 교과서를 구성하였다. 사전이 없이도 폭넓은 어휘를 습득할 수 있도록 어휘풀이를 상세히 수록하였다.[2]

본 연구는 제9장으로 구성이 되어 있다.

제2장에서는 선행 연구의 동향을 파악하여 본서가 지니는 독창성을 제시하고자 한다.

제3장에서는 교과서 분석의 이론적 배경을 제시하는 것에 의해서 본서의 이해를 위한 예비지식을 제공하고자 한다. 즉 대학 초급일본어 교과서에 게재된 삽화의 교육적 효과와 함께 삽화의 기능, 그리고 삽화의 종류를 설명할 것이며, 각 과에서 나타나는 교수항목과 연습문제, 그리고 문형연습과 마지막으로 교과서에 나타나는 일본문화에 관련된 다양한 지식을 소개할 것이다.

제4장에서는 대학 초급일본어 교과서의 삽화를 분석할 것이다. 각 대학 초급일본어 교과서에 등장하는 삽화의 종류와 특징을 분석하고 그것에 내포되어 있는 의미와 삽화가 학습자에게 있어서

---

2) 이들 기술은 천호재(2008)에서 가져온 것이다.

어떠한 교육적 효과를 가져올 수 있는지에 대해서 살펴보고자 한다.

제5장에서는 대학 초급일본어 교과서에 나타나는 교수항목(syllabus)에 관한 내용을 살펴보고 궁극적으로 각 교과서들마다 일본어 학습자들의 어떠한 언어 능력을 강화시키고자 하였는지를 비교 검토할 것이다.

제6장에서는 대학 초급일본어 교과서의 연습문제에 나타난 드릴 유형을 살펴보고자 한다. 또한 각 과의 말미에 들어간 연습문제의 특징과 각 대학의 교과서마다 연습문제가 가지고 있는 특징과 형태를 비교 고찰하고자 한다.

제7장에서는 대학 초급일본어 교과서의 연습문제에 나타난 문형연습에 대해서 살펴보고자 한다. 각 과에서 어떤 문형연습이 채택되어 있는지를 살펴보고, 해당 문형연습의 채택으로 인해 어떠한 교육적 효과를 얻을 수 있는지(혹은 상실되는지)를 고찰하고자 한다.

제8장에서는 대학 초급일본어 교과서에 나타나는 문화 내용에 대해 살펴보고자 한다. 즉 각 문화를 전통문화, 대중문화, 생활문화로 분류하여 각 대학의 초급일본어 교과서별로 각 집필자들이 일본문화의 어떠한 측면을 중시하였는지를 비교 분석하고자 한다.

제9장에서는 결론을 통하여 본서에 대한 논점을 정리하고자 한다.

제2장 선행 연구로 본 교과서와 과제

2.1 삽화 관련 선행 연구

본 연구에서는 먼저 교과서 삽화 관련 선행 연구부터 살펴보고자 한다. 교과서에 나오는 삽화 관련 선행 연구로는 노재성(2004), 방정희(2006), 서인숙(2003), 문지현(2008), 박형자(2008)를 들 수 있다.

먼저 노재성(2004)에서는 삽화를 포함한 시각 자료에 대한 여러 가지 이론을 통해 삽화가 구체적인 참고 자료로서 학생들의 흥미와 동기유발에 기여하며, 정서적인 면에서도 긍정적인 효과를 기대할 수 있다고 하였다. 삽화는 교과서 본문 내용에 대한 이해를 돕고 학습 내용을 보다 장기간 기억할 수 있도록 보조를 하며, 영역별 삽화 분석을 통해 듣기, 말하기, 읽기, 쓰기의 언어의 네 기능과 통합기능에서의 삽화의 활용 정도를 확인할 수 있었다고 하였다.

방정희(2006)는 고등학교 일본어 교과서에 삽화를 게재함으로 얻을 수 있는 교육적 효과에 대해서 열거하였는데, 우선 그 교육적 효과로 현장에서 일본어를 가르치는 교사가 교과서의 교과 내용과 더불어 삽화의 중요성을 재인식하는 것이라고 하였다. 그 다음으로는 현 일본어 교과서로 공부하는 학습자들에게 보다 효율적인 삽화를 통하여 풍부한 시각적 경험을 쌓을 수 있도록 수정된 삽화를 제시하는 것이라고 하였다.

서인숙(2003)은 교과서의 저자와 삽화가는 배경과 장면이 일관성을 유지하도록 노력해야 할 것이라고 하였다. 언어를 배우면서 목표어의 문화를 정확히 알게 되면 기억은 오래도록 남아 있게 되므로 가능한 모든 삽화의 배경을 일본으로 설정한다면 더 효과적인 수업이 이루어질 수 있다고 주장하였다.

문지현(2008)은 대상 학습자들이 중고등학생 이상인 점을 고려하여 만화적 요소보다는 사진을 삽화로 수록하는 것이 사실성을 이해하는 데에 도움이 될 것이라고 하였다. 교과서의 단원별 주제

역시 인터넷이나 서적 등을 통해 대중적으로 잘 알고 있는 것보다는 또래의 일본 학생들이 어떻게 생활하는지, 무엇에 관심이 있는지 등과 같이 흥미 있는 주제를 선정하고, 그에 따른 삽화를 구성하는 것이 학습의 동기부여와 학습자의 학습의욕을 고취시키는 데 도움이 될 것이라고 하였다. 이러한 주제의 선정은 일본인과 처음 대화를 할 때 당황하지 않고 자연스럽게 화두를 시작할 수 있는 바탕이 될 수 있다고 주장하였다.

박형자(2008)는 고등학교 일본어 교과서에서 각 단원의 학습 내용에 맞는 그림과 삽화 사진이 대체로 적절하게 게재되어 있으나 학습 내용과 맞지 않은 부분을 게재한 것도 발견할 수 있었으며 또한 좀 더 다양한 장면의 삽화를 게재했으면 효율적인 일본어교육을 위해 도움이 될 것이라고 하였다.

이상 위에서 열거된 선행 연구들은 그 포커스가 모두 고등학교 일본어 교과서에 맞춰져 있다. 중고등학생 이외의 학습자들 즉 대학생 학습자들에게도 눈을 돌려본다면 대학생 학습자를 대상으로 한 대학 초급일본어 교과서 삽화의 채택 양상에 대해서도 관심을 가져 볼 수 있다고 생각된다. 이에 본 연구에서는 대학 초급일본어 교과서에 어떤 내용의 삽화가 채택되어 있는지, 또 삽화의 다른 기능에 대해서는 어떠한 것이 있는지 알아보고자 한다.

⊂ 2.2 교수항목(syllabus) 관련 선행 연구

두 번째로 교수항목(syllabus)에 관한 선행 연구를 보도록 하자.

교수항목에 관련한 선행 연구로는 채수경 외(1992)와 천호재(2007)의 연구를 들 수 있다.

먼저 채수경 외(1992)의 연구에서는 제1외국어라고 할 수 있는 영어만으로는 국제간의 교류에 다소 어려운 점이 있기 때문에 현재 각국에서는 제2외국어교육이 사회 전반에 걸쳐 폭넓게 실시되고 있다고 하였다. 그런데 현행 일본어교육은 다른 제2외국어와 마찬가지로 실제 생활에 있어서의 의사소통을 위한 교육보다는 문법 설명 위주의 수업 방식과 암기식 교육이 주축을 이루고 있다는 점에서 문제점을 안고 있다고 한다. 또 현행 고등학교 7종 교과서에서는 「です」나 「ます」 등 특정 조동사에 치우쳐 있거나 동사나 형용사의 경우 한정된 단어만이 중복되어 사용하고 있었으며, 형용 동사와 조동사의 경우도 다양하게 채택되고 있지 않은 점, 문형연습에서도 단어의 난이도는 비슷한 데 비해 문형의 난이도는 그렇지 않다는 점을 문제점으로 들었다.

천호재(2007)는 최근 일본어교육의 세계에서는 표현의 정확성보다는 유창성을 강조하는 경향이 두드러지게 나타나고 있으며, 그 일례로 일본어 학습자들의 커뮤니케이션 능력 신장을 위한 문법

교수항목의 재배열, 추가, 혹은 삭제가 필요하다고 주장하고 있다.

그러나 채수경 외(1992)는 본서에서 제시하고 있는 다양한 교수항목을 비교 분석한 것이 아니며, 그 대상도 고등학교 일본어 교과서에 한정되어 있다. 그리고 천호재(2007)의 경우도 본 연구에서 고찰의 대상으로 하고 있는 교수항목 가운데, 문법교수항목만을 다루고 있기 때문에 본 연구에서와 같이 폭넓고 객관적인 연구가 되기 어렵다고 하겠다.

2.3 연습문제 관련 선행 연구

세 번째로 연습문제에 관련된 선행 연구이다. 연습문제 관련 선행 연구로는 宋誓天(2000)의 연구를 들 수 있다. 宋誓天(2000)에서는 교수 - 학습에 있어서 가장 일반적인 교과서라 할 수 있는 교과서의 연습문제는 각과에서 배운 내용들을 인지하기 위한 반복의 역할과 학습한 내용을 어느 정도 알고 있는지를 점검하는 평가의 역할을 하며 언어 재료에 따라 발음, 문자, 어휘, 문법, 독해, 작문 영역으로 구분할 수 있다고 하였다. 각 영역에 관한 특징을 나누면 다음과 같다.

- **문법영역**

    기초적인 문법능력이 없으면 의사전달 능력도 기르기 어려우며 문법영역의 평가는 단지 문법을 위한 문법이 아닌 실용 가능한 기능문법 중심의 평가가 이루어져야 한다.

- **발음영역**

    어떤 외국어라 하더라도 문법이 시작되기 전에 발음을 완벽하게 익히는 것은 아니므로 새로운 어휘가 출현함에 따라 발음영역이 교과서 전체에서 골고루 다루어져야 한다.

- **문자영역**

    漢子읽기와 「ひらがな」 위주인 반면 漢子쓰기에는 매우 소극적이며, 실생활에 유용한 외래어(カタカナ)는 전혀 다루고 있지 않았다.

- **어휘영역**

    생활어휘를 가르치고 평가하는 데 있어 인사말에만 치우치기보다, 학습단계에 따라 학습자들이 실제로 접하는 상황에서 사용할 수 있는 생활어휘를 가르치는 것이 바람직하다.

- **독해영역**

    자료문을 읽고 몇 자 혹은 몇 줄 이내로 요약하는 것처럼 중심 생각을 파악할 수 있도록 고차원적이고 종합적인 문제를 출제해야 할 것이며 작문영역은 일본어와 어순이 같은 우리나라 학습자들이 문법에 그치지 않고 일본어다운 일본어를 습득할 수 있도록 하기 위해서 기본적으로 교사의 객관성 있는 작문평가가 밑받침되어야 한다.

두 번째는 언어기능에 따라 듣기, 읽기, 말하기, 쓰기영역으로 구분하였다. 듣기영역은 전달능력과 관련된 듣기 평가가 이루어져야 하므로 글말보다는 입말 위주의 평가가 이루어져야 할 것이라고 하였다. 말하기 평가는 그 특징상 정확하게 판단하는 것은 사실 어려운 일이기 때문에 학습자들의 구두 발화를 정확하고 객관적으로 평가할 수 있는 평가도구의 개발이 시급하다고 하였다. 읽기 평가는 실생활에서 흔히 접할 수 있는 상황을 설정하여 특정한 정보를 구해 읽는 능력을 평가해야 할 것이며 쓰기 평가도 말하기 평가와 마찬가지로 객관성과 신뢰성이 뒤따른 채점이 필요하다고 하였다.

이상이 宋誓天(2000)의 연구에서 나타난 주요 내용이다. 하지만 연습문제의 대부분을 차지하고 있는 쓰기연습에서 큰 비중을 차지하는 드릴연습과 의미연습의 유형에 관한 내용이 전혀 없었기 때문에 본 연구의 방향과는 많이 다르다고 할 수 있다.

◖ 2.4 문형연습 관련 선행 연구

네 번째로 문형연습에 관한 선행 연구이다. 문형연습에 관련한 선행 연구로는 강화진(2007), 박윤정(2006), 윤소영(2005)의 연구가 있었다.

강화진(2007)에서는 문형의 도입에 있어서 사용빈도가 높은 것에서 낮은 것으로, 쉬운 것에서 어려운 것으로, 기본적인 문형에서 파생적인 문형으로 제시되는 것이 바람직하다고 하였다. 그 이유는 한 과에 집중적으로 너무 많은 문형이 편중되거나 하면 입문기의 학습자에 있어 자칫 흥미를 떨어뜨릴 수 있고 학습에 부담을 초래할 수도 있기 때문이라는 것이다.

박윤정(2006)에서는 교육부가 제시하고 있는 '의사소통 기능 예시문'의 기본문형을 비교 분석한 다음 12종 교과서의 문형 제시 양상을 고찰해 본 결과 다음과 같은 결론을 얻을 수 있었다고 한다.

첫째, 일본어교육학계에서 제시한 기본문형은 총 222개로 '일본어교육사전'에서는 165개, 「호죠준코(北条淳子)」에서는 152개, 「はじめての日本語教育1」에서는 44개를 제시하고 있으나, 국내 교육부의 '의사소통 기능 예시문'에서는 80개의 문형을 제시하고 있다고 하였다.

둘째, 일본어교육학계에서 제시한 기분문형과 '의사소통 기능 예시문'의 공통문형은 66개인데, 이 문형은 모두 2種~12種 교과서에서 다루어지고 있었다는 것이다.

셋째, '의사소통 기능 예시문'에서는 제시하고 있으나 일본어교육학계에서는 제시하고 있지 않

은 문형은 14개인데, 「{もう少し/もっと}Aいのはありませんか」와 같은 의뢰, 요구, 제안과 같은 표현 문형이거나, 「って」, 「Aい{んじゃ/のでは}ない{ですか/でしょうか}」, 「N(へ)ですか(反問)」와 같은 회화적 성격이 강한 문형이었다는 것이다.

반대로 일본어교육학계에서는 제시하고 있으나 '의사소통 기능 예시문'에는 제시하고 있지 않은 문형은 총 157개인데, 이 중 121개의 문형을 국내 교과서에서 제시하고 있었다고 한다. 이것은 교과서 제작 시 '의사소통 기능 예시문'만을 기준으로 하고 있지 않고 다양한 내용을 고려하였음을 의미하며 동시에 교육부에서 제시한 '의사소통 기능 예시문'의 문형은 교과 과정의 기준으로 삼기에는 부족한 면이 많다는 것을 의미한다는 것이다.

또한 문형 제시 양상도 교과서별로 큰 차이가 있었는데 한 과에 너무 많은 문형이 제시된 경우도 많았으며, 문형은 제시되었으나 설명이나 연습 사항이 제시되지 않은 교과서도 많았다고 한다. 따라서 교사는 학습자의 수준과 학교별 수업 시간 및 대학입시와 같은 현실적인 학습목표를 고려하여 교과서 선택에 주의를 기울어야 하며 학습자들이 보다 효율적으로 일본어를 할 수 있도록 더 많은 교과서 연구와 교수법을 체계적으로 연구하는 노력이 절실히 필요하다고 하였다.

마지막으로 윤소영(2005)에서는 문법항목이 적게 제시된 교과서와 문법항목이 많이 제시된 교과서의 차이가 현저하여 교과서의 선택에 따라 학습의 차이를 보일수도 있다고 주장하였다. 의사소통 기능 중심의 교과서에서는 문법 사항에 관계없이 의사소통 기능에 필요한 사항이라면 문법 내용의 설명은 가급적 생략하는 편이 낫다고 하였다.

위의 선행 연구들은 고등학교 교과서에 나타난 문형연습에 관한 난이도의 분포와 출판사별 교과서의 특징 등에 대부분 초점을 맞추고 있다. 이에 반해 본 연구에서는 각 문형연습의 여러 특징을 토대로 대학 초급일본어 교과서를 비교 분석하고 있다는 점에서 선행 연구와는 방향성이 다르다고 할 수 있다.

2.5 문화 관련 선행 연구

문화에 관련된 선행 연구로는 홍지연(2008), 박진아(2002), 장전선(2004), 김혜숙(2003), 전강원(2004) 등의 연구를 들 수 있다.

먼저, 홍지연(2008)은 국제화 시대의 외국어교육에서 문화교육이 중요시 되는 것은 시대의 흐름에 따른 당연한 변화이며 따라서 상대국가의 문화적 상황을 이해하는 문화교육이 필요하다고 하였다. 이러한 관점에서 볼 때 다양한 문화적 요소들이 적절한 비율로 구성되어 상대 국가를 객관적,

사실적으로 이해할 수 있도록 도움을 주어야 하며, 한 나라의 문화를 제대로 이해하기 위해서는 무엇보다 그 나라 문화의 보편성과 특수성을 아울러서 이해하는 것이 중요하다고 하였다. 또한 문화적 차이를 이해시키는 과정에서 교사가 자기 민족 중심이나 지나친 상대 국가 문화 중심으로 치우치는 등 편협된 가치관을 주입시키는 일은 절대 없어야 한다고 하였다. 문화의 상대성을 인식시키고 좀 더 객관적으로 파악할 수 있는 자세를 가지도록 유도해야만 학습자가 상호비교를 통하여 문화적 차이를 인식하게 되며 자국문화를 보다 깊이 이해하게 될 것이라 하였다.

박진아(2002)는 대부분의 교과서가 전통적인 문화내용에 치중되어 있기 때문에 학습자 중심 교육으로 전환되기 위해서는 기존 문화내용의 교환 및 보충이 요구된다고 하였다. 일본에서 발간된 일본어 교과서에서는 설명되었던 내용들이 한국에서 발간된 교과서에는 전혀 다루어지고 있지 않는 경우가 많다고 지적하였다. 또한, 앞으로의 문화교육은 상호이해와 교류를 전제로 하는 흐름으로 진행될 것이며 일본어 또한 이러한 시대의 흐름에 예외가 될 수 없다고 하였다.

장전선(2004)은 문화교육의 한계점으로 교과서는 지면상의 제약이 있기 때문에 문화 소재를 제시하는 데 완벽할 수는 없을 것이라고 하였다. 일본어교육에 있어 가장 기본적인 지침서가 되는 교과서에 어느 한 분야에만 치중되지 않은 다양한 문화 소재들이 제시되어야 한다고 하였다.

김혜숙(2003)은 문화교육이 활성화되기 위해서는 문화교육도 외국어교육의 일환으로써 인식되어야 하며 다른 영역과의 조화로운 교수 학습이 가능하도록 하는 관심과 노력이 절대적으로 필요하다고 하였다. 문화교육은 그 내용과 소재가 너무 광범위하고 기준이 모호하여 딱히 문화의 범주를 한정시키기가 애매한 점이 과제로 남아 있음을 문제로 삼고 있었다.

전강원(2004)은 교과서가 일본문화의 특수성만을 쫓아 너무 전통문화 쪽으로 치우치지 말고 현재 일본의 실생활을 학생들에게 전해 줄 수 있는 문화 교과서도 필요하다고 주장하였다. 교과서라는 매체의 특성상 전통지식을 등한시 할 수는 없겠지만 이 양자를 적절히 배치하는 것에 대한 숙고가 필요하다고 하였다.

지금까지 본 문화 관련 선행 연구에서는 그 포커스가 고등학교 일본어 교과서에 맞추어져 있었기에 본 연구와의 방향과는 조금 다르다고 볼 수 있으며, 또 위의 선행 연구에서는 문화를 하나의 카테고리로 보고 거기에 따른 분석을 행하였지만, 본 연구에서는 문화를 3가지 분야로 세분화하여 대학 초급일본어 교과서에 나오는 문화적 요소들을 비교 분석하였다는 점에서 차이가 있다고 생각한다.

제3장 교과서 분석의 이론적 배경

이절에서는 삽화(2.1), 교수항목(syllubus)(2.2), 정확하고 적절하게 쓰고 읽게 하기 위한 드릴연습(2.3)과 언어 조작 문형연습(2.4), 문화(2.5)에 관련된 이론적 배경을 문헌(논문이 아니며, 일본어 교수법을 개괄한 문헌)을 인용하는 형식으로 소개하고자 한다. 본서에서 이들 요소들에 주목하여 연구를 진행하는 것은 이들 요소들이 교과서 분석에 있어서 매우 중요한 요소이며, 선행 연구들에 의해서 거의 다루어진 적이 없기 때문임을 부언해 두는 바이다.

3.1 삽화의 정의

언어를 이해한다는 것은 그 언어의 단어들이 나타내는 개념을 알고 있다는 말이다. 다시 말해서 언어 학습은 개념화에 좌우된다. 비록 보기(viewing) 그 자체는 언어 기능이 아니지만 개념화를 촉진시키는 데는 가장 중요한 요소이다. 학습자가 어떤 사물이나 표현의 의미를 파악하지 못하거나 그것을 사용할 필요성을 느끼지 못한다면, 언어 학습은 지극히 어려워진다. 사실, 수업 매체 중에서 외국어 수업에 시각적인 자료를 사용한 것은 다른 어떤 매체보다 훨씬 오랜 전통을 가지고 있다. 그 선구는 직관 교수법의 시대였던 17세기 체코의 Comenius,J.A(1592 - 1670)가 체코어 교과서에 사물의 명칭과 그림을 결부시킨 것이 효시로 알려져 있다. 그는 자신이 쓴 라틴어 교과서와 독일어 교과서에서 기억 속에 존재하지 않는 것은 오성에도 존재하지 않는다고 하면서 모든 학습자들이 시각적인 자료에 의해 외국어를 배우도록 해야 한다고 주장하였다. 또한 괴테(Gdethe)도 그림이 많이 그려진 Comenius의 책 "Orbis Sensualium Pictus"로 배웠다는 것은 그림이 내용을 이해하는 데 많은 도움이 되었음을 강조하는 한 예이다(Marantz, 1994). 따라서 외국어를 배우는 데도 시각적 보조 자료를 많이 사용하는 것이 필요하다고 할 수 있다.[1]

3.1.1 언어교육에 있어서 삽화의 교육적 효과

학습자가 교과서를 펼쳤을 때, 제시된 설명문이나 수식보다는 시각적인 것들이 더 눈에 띄며 결국 그것에 관심을 가지게 된다. 교과서에 등장하는 그림 자료들은 학습에 대한 흥미와 관심을 부여함은 물론 문자로 쉽게 전달될 수 없는 추상적인 개념과 가치 등을 얼마든지 표현할 수 있다.

삽화의 교육적 기능은 학습 내용의 핵심적인 면을 글로써 설명하기 어려운 추상적인 내용을 이해하기 쉽도록 한다는 데에 있다. 특히 삽화는 구체적인 조직으로 통합시켜 제시하는 단순성, 함축성, 명확성이 요구되며, 삽화의 이해를 돕기 위한 해설문이 제시될 수도 있다. 또한 문장으로 제시된 답답함에서 벗어나 학습자들에게 삽화 자료를 제시함으로써 흥미를 조성, 유발, 강화시킨다. 결국 삽화를 통해 학습 내용에 주의를 집중시키고 학습동기를 유발시켜 학습태도에 변화를 가져오도록 하는 것이다.[2]

3.1.2 삽화의 기능

교과서가 내용 서술로 일관될 경우 학습자들이 이에 단조로움과 딱딱함을 느껴 쉽게 학습동기를 잃을 수가 있다. 따라서 삽화는 학습자들에게 관심을 유발하고 상상을 자극하는 데 도움을 주며, 자료의 체계적인 이해와 전체적 지각에 도움을 준다. 물론 과다하면 서술의 흐름을 방해할 수 있으나 적절한 삽입은 내용 혹은 자료의 구조적 지각을 가능케 할 수 있다.[3]

이는 그림이나 사진은 사람의 설명으로 미치지 못하는 이미지를 주어 언어적 묘사의 한계를 극복하는 데 도움을 주기 때문이다. 이러한 삽화의 중요성에 대하여 그 기능을 설명하면 다음과 같다.

그림은 학습 내용의 전달 측면에서 보면 본문 내용에 비추어 볼 때 반드시 필요한 '필수적인 기능적' 측면과 글만으로도 내용 전달이 가능하나 그림을 사용함으로써 이해를 보다 쉽게 할 수 있는 '보조적 기능' 그리고 학습 내용과는 관련 없이 동기유발이나 장식적인 목적으로 사용되는 '장식적인 기능'으로 구분된다.[4]

첫째, 필수적인 기능을 정리하면 다음과 같다.

- 내용 이해 촉진 기능

삽화 자료가 학습내용에 대한 설명과 이해를 도와주고, 내용을 유추하도록 하며 내용에 대한 기억을 촉진시킴과 동시에 추상적인 내용인 경우에는 구체적 예로써 제시된다.

---

1) 강영미(2000 : 12-13)에서 인용함.
2) 방정희(2006 : 14)에서 인용함.
3) 서인숙(2003 : 6)에서 인용함.
4) 서인숙(2003 : 6)에서 인용함.

- 내용의 요약과 정리 기능

  삽화 자료의 핵심적인 내용을 요약하고 정리하는 기능이다.
- 삽화 자료에 대한 시각적 정보 전달 기능

  실물에 가까운 학습 자료를 제공하며, 삽화 자료를 통하지 않고서는 설명하기 어려운 내용을 전달할 수 있다.

둘째, 보조적인 기능이다.
- 학습동기 유발 및 친근감을 주기 위한 기능

  문장으로만 제시된 경우의 딱딱하고 짜증스러움을 덜어 주면서 학습자들에게 교과서에 친근감을 가져다 준다.
- 상상력 및 창조력 증진 기능

  학습자들로 하여금 가상적 상황이나 과거, 미래의 세계를 묘사하는 능력을 증진시킨다.

셋째, 장식적인 기능이다.
- 지속되는 독서의 피로감을 해소시키는 기능을 한다.

위에서 살펴본 바와 같이 교과서 삽화의 기능은 문자를 보조하는 기능을 넘어서서 교과내용이 되거나 혹은 이를 단독적으로 전달하는 기능을 한다.[5]

3.1.3 언어 교과서에 들어가는 삽화의 종류

삽화는 구도, 색, 형태의 세 가지 요소로 구성되어 있다. 먼저 구도란 그림의 화면이 안정되고 통일감을 나타내는 등, 조형적인 질서가 있어서 형상이나 색상의 배치가 조화를 이루고 있는 상태를 말한다.

교과서 삽화는 압축, 색상 변화, 선의 강함과 약함 등을 통하여 평면에서 뿐만 아니라 3차원적인 시각 효과를 줄 수 있어야 하며, 지나치게 긴밀한 구도보다는 여백을 이용하는 것이 좋다. 무엇보다도 학습자가 보기에 즐겁고 시각적으로 깊은 인상을 남김으로써 학습 효과를 높여야 한다. 학습 효과를 높이기 위한 삽화의 조건은 다음과 같다. 첫째, 아동의 시선을 집중시키고 주의력을 유도해야 한다. 둘째, 글의 내용을 일목요연하게 정리하여 글을 더욱 쉽게 읽을 수 있도록 해야 한다. 셋째, 디자인이 의도하는 바를 명확히 알 수 있어야 한다. 넷째, 시각적으로 아름다움을 주는 매력을 지녀야 한다. 다섯째, 참신하고 새로운 감각을 지녀야 한다.

---

5) 서인숙(2003 : 6-7)에서 인용함.

그 다음으로 색을 들 수 있다. 색의 3요소는 색상(hun), 명도(erightness), 채도(snturation)를 말한다. 색상이란 색을 구별하는 것으로, 빛의 여러 가지 파장의 길이를 시각적 자극으로 받아들이는 현상을 말한다. 색이 삽화에 포함되면, 주목성과 명확성의 효과를 발휘한다. 그러기 위해서는 색상과 명도와 채도의 차이가 커야 하며, 그 중에서도 명도의 차이가 가장 결정적인 역할을 한다. 색의 조화로운 표현은 그 자체로 효력을 나타내기도 하지만, 지나치게 급격한 색조의 변화는 위압적인 효과를 가져 올 수도 있다. 색은 형태와는 달리 인간의 의식과 무의식에 영향을 미치는 요소이므로, 교과서 내용의 원래 의도하는 바와 다른 의도로 작용할 수 있다.

마지막으로 형태는 대상의 표현을 즐겁게 하기 위하여 첨가되는 것으로, 의도하는 바를 지각적으로 표현하는 것을 말한다. 회화에서의 형태란 대상 그 자체의 사실적인 특성이 아니라, 부분간의 상대적인 특성을 묘사하는 것이다. 그것은 선, 색, 명도 등을 통해서 표현되며, 시각 요소가 명확히 나타날수록 좋다.

형태는 시각 언어의 가장 기본적인 대상이며, 선을 시각적으로 지각하는 영역을 말한다. 점, 선, 면 등의 형태를 어떻게 표현하느냐에 따라 구성의 표상이 달라진다. 즉, 인간이 어떤 사물의 본질을 의식하고 눈으로 보면서 이해하는 형(shape), 그것이 바로 진정한 의미의 형태라고 할 수 있다. 그러므로 형태는 내용을 추구하는 것이 가장 이상적이며, 그 외형을 보고 지각하는 사람의 지각 방식과 일치할 때 비로소 형태의 의미가 전달될 수 있다. 이런 의미를 주장한 이론이 바로 <게스탈트 이론> 즉 형태 심리학이다. 인간이 사물을 지각할 때, 사물 그 자체의 객관성을 지각하는 것이 아니라, 사물의 상대적인 입지에 따라 또는 사물을 지각하는 사람의 성향에 따라 형태를 달리 지각한다는 이론이다.[6]

또 교과서 전체 삽화 수, 교과서 단원의 구성에 있어서 삽화의 게재 현황, 삽화의 표현 유형과 같은 표면적 형식을 중심으로 한 삽화의 외형적 측면과 내용적(사회, 문화적) 측면으로 나눌 수 있다. 외형적 측면 즉 표현 유형별로 삽화를 분류하면, 그림, 사진, 커트(cut)로 크게 나뉘며 다시 그림은 사실적, 반사실적, 만화적, 환상적, 투사적, 의인적, 추상적 그림으로 분류된다. 자세한 설명은 다음과 같다.

- **사실적** : 그림의 내용이나 표현 유형 모두가 실제 현상을 다루고, 사람이나 사물을 있는 그대로 표현한 그림이다. 또한 등장인물을 중심으로 인체에 대한 비례가 실제와 비슷하고 부분적인 세부묘사가 과장됨이 없이 정확한 경우.

---

6) 文智鉉(2008 : 10-12)에서 인용함.

- **반사실적** : 그림의 내용은 사실적이나 등장인물의 모습이 사실과는 어느 정도 다른 만화 적으로 묘사되어진 경우.
- **만화적** : 내용은 사실적이나 등장인물의 모습이 지나치게 과장되거나 단순화되어 인체의 비례도 실제와는 다른 경우와 특히 만화적인 요소인 말풍선이나 생각 풍선을 이용하여 표현된 그림의 경우.
- **환상적** : 그림의 내용이 현실적으로 불가능한 경우.
- **투사적** : X‑Ray처럼 사물의 내부를 들여다 볼 수 있게 그려진 표현이나 하늘 위에서 내려다보는 장면 등으로 제시된 경우.
- **의인적** : 사물이나 동물을 인간과 같이 설정한 표현.
- **추상적** : 사물이나 동물, 인물을 알 수 없는 형태로 바꾸어서 표현한 것, 보이지 않는 생각들을 어떠한 형태로 나타낸 것.
- **사진** : 인위적으로 꾸민 것이 아닌 실제로 존재하는 자연현상 및 사물, 인물을 카메라로 촬영한 것.
- **커트(cut)** : 단순한 어휘 제시와 그 개념을 제시할 때 표현되는 소형 그림의 형태.

내용적 측면이란, 삽화의 외형적 측면을 가리키는 것이 아니라, 그 속에 내재되어 있는 사실을 말한다. 특히, 시각적으로도 알 수 있는 사회 문화적인 요소들을 말하는데 그 사회 문화적 요소를 성별, 인종별, 직업별, 연령별, 문화에 관계된 것 등으로 분석할 수 있다.[7]

⊏ 3.2 교수항목

Shaw(1977)에 의하면 교수항목 또는 교수요목이란 교육과정(curriculum) 중에서 교육과정 평가 자체 요소만을 제외한 그밖의 모든 부분을 위한 구체적 계획을 가리킨다. 바꾸어 말해서 교수항목 은 교육과정 내에 주어진 어떤 계획을 보다 구체화시키는 작업을 말한다.

교수항목은 학습항목을 위한 전체적인 계획이며, 학습항목의 구성 요소를 세분화하며 일정 과제 또는 학습량이 일정 시간에 학습되도록 한다. 교수항목이 교수되는 데에 있어 무엇이 가장 효과적 인 절차이며, 무슨 항목들이 어느 기간 내에 학습될 수 있을 것인가가 결정되어야 한다. 이 과정은

---

7) 노재성(2004 : 23-24)에서 인용함.

지식 저장을 점검하는 시험 등이 포함되는 용의주도한 계획이다.

외국어 또는 제2언어 교육을 위한 교수항목 작성에 있어서 지금까지 언어학이 언어를 상세하게 기술하였기 때문에 대부분의 교수항목이 언어학적 기초 위에서 구성된다는 것은 당연한 귀결이다.

교수항목을 구체적으로 예를 제시하면서 설명하면 다음과 같다. 첫째, 문법/구조교수항목 (grammatical syllabus)이 있다. 이것은 교수항목을 문법(문형, 조사, 시제, 상)의 관점에서 분류하여 정리한 것을 말한다. 대부분 중고교에서 배우는 영어 교과서의 경우 거의 구조교수항목을 채용하고 있다. 음성을 예로 들면, 모음, 자음, 악센트 등의 하나하나가 실러버스 항목이 된다.

둘째, '장면교수항목(situational syllabus)'을 들 수 있다. 물건사기, 우체국, 레스토랑, 구청 등 목표언어가 사용되는 장면이나 장소로 분류한 것이다. 장면교수항목에서는 '우체국 장면'에서 행해지는 언어행동에 필요한 문형, 어휘, 언어 기능 등이 하위 항목으로써 기술된다. 예를 들면 아래의 우체국 장면은 언어행동, 문형, 어휘, 언어기능을 각각 예시한다.

우체국 장면

언어행동 : 切手を買う、小包を出す、公共料金を振り込む

문　　형 : ~枚ください、どのくらいかかりますか。

어　　휘 : 切手、速達、振り込む

언어기능 : 料金を訪ねる/聞き取る/ATM場面の指示を読み取る。宛名を書く。[8]

셋째, '화제교수항목(topic syllabus)'이다. 학습자가 관심을 가지고 있는 화제를 모아서 교수항목으로 편성하여 선택된 화제에 연관된 어휘, 표현, 관용구, 배경 지식 등이 교육 내용이 되므로 중급 이상의 학습자에게 맞는 교수항목이라 할 수 있다. 이 교수항목은 화제와 학습자의 흥미가 일치하면 학습자의 동기가 강화되어 학습도 한층 촉진된다. 학습 자료는 아니지만 중학교 사회 교과서의 '정치', '국회', '재판소' 등이 나오는 과를 보면 각각 연관 정보를 집중적으로 소개하고 있는 것을 발견할 수 있는데 이것 또한 화제교수항목에 의한 것이라고 볼 수 있다.

넷째, '技能교수항목(skill syllabus)'이다. 언어교육에서는 4기능, 즉 듣기 기능, 말하기 기능, 읽기 기능, 쓰기 기능이 훈련의 대상이 되고 있는데, 이 기능 중에 학습자가 특히나 필요로 하는 기능에 대해서 더욱 구체적인 교수 목적을 설정한 교수항목을 편성한다. 예를 들면 쓰기 기능을 위한 기능교수항목의 경우, 단지 문자를 학습하거나 문장을 적는 훈련뿐만 아니라 청구서 쓰기, 품의서

---

8) 고바야시(小林ミナ 1998 : 39-40)에서 인용함.

쓰기, 보고서 쓰기와 같은 구체적인 항목을 게재할 수 있다.[9]

다섯째, '機能교수항목(functional syllabus)'을 들 수 있다. 구조교수항목이 문장이나 단어의 형태에 주목해서 구성되어지는 반면에, 문장 전체가 가지는 기능이나 의미가 분류, 구성된 것을 말한다. 「コーヒーを飲みませんか。」라고 하는 문장을 타동사의 부정 의문문으로 다루는 것이 아니라, 권유의 기능을 가지는 표현으로써 분류하는 것을 말한다. 문장이나 표현을 이처럼 보는 것에 의해서 구조교수항목과는 다른 카테고리로 분류할 수 있다. 예를 들면 기능교수항목에서는 다음의 1)~5)가 의뢰의 기능을 가지는 표현으로 일괄된다.

  (1) a. 辞書、貸して。

      b. 辞書ある?

      c. 辞書を貸してください。

      d. 辞書をお借りできますか。

      e. 辞書を貸してほしいです。

마지막으로 '태스크교수항목(task syllabus)'을 들 수 있다. 이것은 언어를 사용하여 행해지는 행동에 의해 분류한 교수항목을 말한다. 「電話をかけて情報を得る。」, 「言われた指示に従って地図を描く。」처럼 도달목표가 구체적인 형태로 설정되기 때문에 언어만을 학습하는 것보다 효과적이라고 할 수 있다.[10]

⊂ 3.3 말하기와 쓰기 연습

정확하고 적절하게 말하기와 쓰기를 위해서는 다양한 드릴이 있다. 말하기와 쓰기는 교실활동에서 충분히 행해질 수 있다는 점에서 공통점을 지니지만, 쓰기는 연습문제를 통해서 더더욱 정확성과 적절성을 기를 수 있다. 따라서 연습문제에 나타난 정확하고 적절하게 쓰기 위한 집필자의 의도를 파악하기 위해 여러 가지 드릴을 살펴볼 필요가 있다고 하겠다.

---

9) 다카미(高見澤孟 2004 : 32)에서 인용함.
10) 고바야시(小林ミナ 1998 : 40-41)에서 인용함.

3.3.1 정확하게 말하기/쓰기

정확하게 말하고 쓰기에 관련해서 일반적으로 반복드릴, 대입드릴/치환드릴, 변형드릴, 결합드릴, 확장드릴, 완성드릴, 문답드릴이 있다. 이들을 일괄하여 기계드릴이라고도 한다. 이하 서술하는 내용과 예문은 모두 고바야시(小林 1998)에서 인용한 것이다.

첫째, '반복드릴'이다. 반복드릴은 주어진 문장을 즉시 그대로 반복하는 연습으로 예를 들면 아래의 교사(T)가 읽은 문장을 학습자(S)가 반복해서 읽는 연습이다.

(2) T : 買い物に行きます。
    S : 買い物に行きます。

둘째, '대입드릴/치환드릴'이다. 이 드릴은 주어진 문장의 일부를 바꾸어 넣는 연습으로 예를 들면 아래의 예문에서 보듯, 교사가 「図書館」을 지정하면, 학습자는 「本屋」 자리에 「図書館」으로 대입해서 읽는 것이다.

(3) T : 昨日、本屋へ行きました。図書館
    S : 昨日、図書館へ行きました。

셋째, '변형드릴'이다. 이 드릴은 주어진 문장의 일부 또는 전체 구조를 바꾸는 연습이다. 예를 들면 아래의 예문에서 보듯, 교사가 기본형을 제시하면 학습자는 기본형을 변형해서 읽는다.

(4) T : 食べる
    S : 食べてください。
    T : 会う
    S : 会ってください。

넷째, '결합드릴'이다. 이는 아래의 예문에서 보듯, 2개의 문장을 조합하여 1개의 문장으로 만드는 연습이다. 예를 들어 교사가 2문장을 제시하면 학습자는 「ながら」와 같은 접속조사를 사용하여 2문장을 한 문장으로 연결하면 된다.

(5) T : 本を読みます。ご飯を食べます。

    S : 本を読みながらご飯を食べます。

다섯째, '확장드릴'이다. 확장드릴은 주어진 말을 부가하여 말하게 하는 연습으로 예를 들면 아래의 예문에서 보듯, 교사의 발화를 더 복잡하게 학습자들이 읽어나가도록 하는 연습이다.

(6) T : 行きました。

    S : 行きました。

    T : 公園に

    S : 公園に行きました。

    T : 広い

    S : 広い公園に行きました。

여섯째, '완성드릴'이다. 완성드릴은 문장의 일부를 주고 나머지 부분을 보충하여 말하게 하는 연습으로 아래의 예문에서 보듯, 말조각을 교사가 던져주면 학습자는 그 말조각을 토대로 문장을 완성하면 된다.

(7) T : 私、学校、行く

    S : 私は学校へ行きます。

마지막으로 '문답드릴'이다. 문답드릴은 교사로부터 주어진 문답에 학습자들이 응답하는 연습을 말하는 것으로 아래의 예문에서 보듯, 학습자는 교사로부터 특정한 대답 형식을 제시받으면 그것에 걸 맞는 대답을 하면 된다.

(8) T : これは、英語の本ですか。はい

    S : はい、英語の本です。

    T : あれは、日本語の辞書ですか。いいえ

    S : いいえ、あれは日本語の辞書ではありません。[11]

---

11) 민혜정(2009 : 46-47)에서 인용함.

3.3.2 적절하게 말하기/쓰기

정확하게 말하고 쓰기 연습이 궤도에 오르면, 그 다음에는 적절하게 말하기와 쓰기 연습을 할 필요가 있다. 이러한 연습으로 구체적으로는 장면연습, 소회화연습, 인포메이션 갭 연습을 들 수 있다. 이들 연습들은 어떤 질문에 대한 몇 개의 대답을 상정할 수 있는 연습이다. 올바른 답은 물론 이거니와 의미의 적절함도 생각해야 하기 때문에 실제의 의사소통 연습에 근접한 연습으로 생각할 수 있다.

먼저 '장면연습'이다. 장면연습이란 어떤 상황과 장면을 제시하고 거기에서 사용되는 문장을 만드는 연습이다. 예를 들면 교사는 「～たほうがいい」가 사용될 수 있는 장면을 제시하고 학습자들은 「～たほうがいい」가 들어간 문장을 계속해서 발화하면 된다.

(9) 「～たほうがいい」

    T ： 友だちが歯が痛いとき、何と言いますか。

    S1 ： 歯医者に行ったほうがいいですよ。

    T ： ほかには。

    S2 ： 薬を飲んだほうがいいですよ。

그 다음으로 '소회화 연습'이다. 이 연습은 짧은 모델 회화를 제시하고 지정된 문형 안에서 자유롭게 여러 가지 말을 바꿔나가는 하는 연습이다. 예를 들면 [N+ga 형용사+desu]라는 문형을 토대로 학습자들이 다양한 말을 연습하게 하는 것이다.

(10) どうしたんですか。

    - ええ、歯が痛いんです。

      えっ、歯医者に行きましたか。

    - いいえ、まだです。

      早く、歯医者に行ったほうがいいですよ。

    - ええ、そうですね。

그리고 '인포메이션갭 연습(information gap)'이다. 이것은 화자와 청자가 혹은 특정 사물과 다른 특정 사물이 각자 '가지고 있는 정보의 差'를 메꾸는 연습이다. 구체적인 교실활동에 관계된 명칭은 아니다. 그러나 수업을 좀 더 실제의 커뮤니케이션과 같이 만들기 위해서 인포메이션 갭을 도입한다. 예를 들면 특정 사진을 보이며, A라는 그림과 B라는 그림의 다른 점(인포메이션 갭)을 물어보고 대답하도록 하는 것이다.

(11) (それぞれ絵を渡す。互いの絵の違うところを当てさせる。)
    人が何にんいますか。
    8人います。何人いますか。
    6人います。男の人がいますか。
    はい、3人います。

마지막으로 '인터뷰 태스크'가 있다. 이것은 인터뷰를 실시하여 제시된 정보를 얻는 활동이다. "미지의 정보를 얻는다"는 점에서 인포메이션 갭을 도입한 활동의 하나로 볼 수 있다. 예를 들면 동사의 가능형(飲める、書ける、できる)을 학습한 후에 상대방이 할 수 있는 것에 대해서 질문을 주고받는 등의 언어행동을 하도록 하는 것이다.[12]

⌐ 3.4 문형연습

문형의 숙달을 위한 연습으로 우선 첫째로 '단순대입'이 있다. 단순대입이란 괄호나 밑줄을 그어놓고 그 사이에 정해진 단순형 답안을 채우는 연습을 말한다.

(12) 田中さんはまじめな人です。(しんせつ)
    田中さんは_____ひとです。

둘째, '복식대입'이다. 복식대입이란 두 가지 이상의 답안을 채워넣는 연습이다.

(13) あの人は背がたかくてきれいです。(低い、かわいい)
    あの人は背が_____て_____です。

---

12) 민혜정(2009 : 47)에서 인용함.

셋째, '다각적 대입'이다. 다각적 대입이란 여러 다양한 방식의 답안 채우기로, 넓은 범위로는 문장을 채우는 연습도 포함된다.

(14) この＿＿は＿＿＿て＿＿＿に人気のあるすばらしい＿＿です。

(この車は安くて消費者に人気のあるすばらしい車です。)

넷째, '변형연습'이다. 변형연습이란 문장의 기본형을 다양한 방법으로 활용하는 연습이다.

(15) 佐藤さんはしんせつです。

佐藤さんはしんせつなひとです。

다섯째, '응답연습'이다. 응답연습이란 다음의 예문에서 보듯 물음에 긍정 또는 부정의 형태로 응답을 하는 연습을 말한다.

(16) 鈴木さん、顔色が悪いですよ。どうかしましたか?

はい、風邪気味です。

いいえ、大丈夫ですよ。

여섯째, '확대연습'이다. 확대연습이란 주어진 문장에서 계속 부과하여 문장을 만드는 연습이다.

(17) この犬はかわいいです。

この犬はかわいくて小さいです。

마지막으로 커뮤니케이션을 위한 창조적 연습 즉 '자유선택연습'이다. 이 연습은 스스로 어떤 상황에 대한 문장을 만들어 회화를 하거나 작문을 하는 연습이다.

(18) situation1. 道で倒れた人を発見。

‐ あの、大丈夫ですか?

お体はどうですか?よろしければ救急車をお呼びしましょうか?

⊂ 3.5 일본문화

　‘문화’라는 말은 상당히 추상적이고 포괄성을 띄기 때문에 역사적으로도 다양한 정의가 있어 왔고 각 학문 영역에서도 조금씩 다른 관점에서 문화를 설명하고 있다. 문화에 대한 여러 학자들의 연구 목적에 따라 다양하고 광범위하긴 하지만 외국어교육의 목표를 달성하기 위하여 일본어를 지도하는 교사들이 학교현장에서 적용되어야 하는 만큼 외국문화에 대한 정확한 개념 이해가 필요하리라 여겨진다.[13]

　문화라는 용어를 인류학에 처음 소개했던 테일러(Taylor.1973:25)는 문화를 인간이 사회의 구성원으로서 얻게 되는 습관, 관습, 예술, 지식, 신앙, 법률 모두를 포함하는 복합적인 전체로 정의하고 있다. Taylor의 정의는 지금까지 문화에 관해 내려진 수많은 정의 가운데 가장 오래된 것이며 고전적인 정의로 내려오고 있다. Taylor 자신에게 있어 문화란 인간 고유의 것으로 구체적인 사물뿐만 아니라 기술까지도 포함하는 인간 고유의 복합적인 전체이기 때문에 문화교육에서 의미하는 바는 인간의 삶을 둘러싸고 발생하는 모든 것을 지칭한다고 볼 수 있다.[14]

　한편, Damon은 문화의 성격을 다음과 같이 정리하고 있다.

- 문화는 학습되어지는 것이다.
- 문화는 변한다.
- 문화는 인간 삶의 보편적 사실이다.
- 문화는 독특하고 상호관련 있으며 생활과 가치와 신념의 청사진이다.
- 언어와 문화는 밀접하게 관련이 있으며 상호작용을 한다.
- 문화는 환경에 의한 자극과 그 문화에 소속된 사람과 여과장치 기능을 한다.[15]

　Damon의 견해는 문화는 한 사회 속에서 어릴 때부터 습득되어지고, 변하고, 공유하며 전승되는 것으로써 어느 한 사회 구성원들의 가치관을 의미할 뿐만 아니라 이것들에 대해서 서로 관련되고, 인식되고, 해석되는 것까지 의미한다. 그러니까 외국어교육에서 중요시하는 문화의 내용은 생활양식과 관련된 것이다.

---

13) 윤윤정(2007 : 7)에서 인용함.
14) 윤윤정(2007 : 7-8)에서 인용함.
15) 윤윤정(2007 : 8)에서 인용함.

그러면 이번에는 문화의 본질을 이해하기 위해서 Hodges가 분류한 문화의 몇 가지 특성을 살펴보자.[16]

첫째, 문화는 사람들이 만든 것이다. 사람이 문화를 가졌다는 점에서 다른 동물과 구별되는데, 그 까닭은 사람에게만 고유한 특성이 있기 때문이다. 이 특성이란 생각하고, 따지고, 느끼고, 인식하고, 판단하는 등의 상징하는 힘(symbolate)을 일컫는다. 이 힘을 가지고 기호를 써서 말(language)을 할 수 있다는 것이 문화의 성립을 가능케 하는 열쇠인 것이다.

둘째, 문화는 사회생활을 통하여 그 과정에서 만들어지고 공유되는 것이다. 즉, 사회생활이라는 일반 과정을 통하여 만들어진 문화는 그 사회의 성원들에 의해 공유되는데, 이러한 문화의 사회적 공유를 가능케 하는 도구는 언어라는 문화적 요소가 상징수단으로 사용된다.

셋째, 문화는 습득되어지고 전승된다. 문화가 인간에게 특유하다고 하는 것은 다른 동물의 대부분의 행동 양태의 유형이 날 때부터 선천적으로, 생물학적으로 타고나는 것인 데 반하여, 사람의 행동양식 즉 믿음, 습관, 규범, 가치관, 언어 등은 우리가 사회의 일원으로 사회 속에 태어나서 다른 사람들과의 상호작용(언어나 기타 상징적인 수단을 통한)을 거쳐 학습된 것이다.

넷째, 문화는 보편적이면서도 다양하다. 즉, 어느 사회이든지 각기 사회마다 그 내용과 형식은 다르나, 언어가 있고 종교가 있고 의식주의 생활양식이 있다. 그래서 문화는 모든 인간사회에 있어 만연되어지는 보편성을 갖고 존재하지만, 한편으로는 한 사회의 문화 유형과 그 특성 및 내용은 다른 어떤 사회의 문화와도 구별되어지는 특징을 가지는 것도 사실이다.

마지막으로 문화는 시간의 흐름에 따라 변한다. 유형화되고 공유되어지는 다양한 문화는 세대에서 세대로 이어져가는 과정을 통해서 다른 문화와의 접촉, 가치관, 문명적 차원의 변화 등의 영향에 의해서 같은 내용, 같은 형식으로 전승되지는 않는다는 점이다.

지금까지 문화에 대한 다양한 정의를 살펴보았다. 어느 하나 문화를 정확하게 포착했다고는 할 수 없지만, 그러나 어느 하나도 사실과 다른 말을 하고 있다고도 할 수 없다. 그리고 이러한 다양한 정의는 특정 국가에만 한정되는 것은 아닐 것이다.

본서에서는 일본문화에 주목하여 일본문화를 전통문화, 생활문화, 대중문화라는 일반적 범주로 나누어 대학 초급일본어 교과서에 나타나는 문화 내용을 분석하고자 한다.

첫째, '전통문화'이다. 전통문화는 어떤 집단이나 공동체에서, 예로부터 이어 내려오는 사상, 관습, 행동 따위의 양식인 정신이나 물질적인 것으로 규정한다. 예를 들면 다도, 꽃꽂이, 노, 가부키 등을 들 수 있다.

---

16) 윤윤정(2007 : 8-9)에서 인용함.

둘째, '생활문화'이다. 생활문화는 평소의 일상생활에 필요한 여러 가지 의식주 및 일상생활을 영위하기 위한 행동양식으로 전통성이나 대중성이 결여된 문화로 위의 전통문화와 대중문화에서 제외한 모든 것으로 규정한다. 에를 들면, 의식주, 일반상식, 생활습관 등을 들 수 있다.

마지막으로 '대중문화'이다. 대중문화는 일반 대중들에게 존재하는 공통적인 생활양식이나 가치관을 일컫는 문화로 대중들이 매스미디어를 통해 형성된 기호 및 상업적이고 오락적이며 여가활용이 다분히 포함된 대중적인 문화로 규정한다. 예를 들면 만화, 노래, 드라마, 애니매이션, 스포츠 등을 들 수 있다.

일본어 교재론

제4장

대학 초급일본어 교과서에 나타난 삽화 분석

삽화는 이미 제3장에서 언급한 바와 같이 내용 이해를 촉진시키며, 내용의 요약 기능을 가지고, 시각적 정보전달 기능을 가지며 나아가 상상력 및 창의력 증진 기능을 향상시키는 교육적 기능을 가지고 있다.

본장에서는 각 대학 초급일본어 교과서에 채택된 삽화의 종류를 비교 분석하고자 한다.

📖 일본어 교재론

4.1 대학 초급일본어 교과서의 삽화 분석

이절에서는 삽화 분석의 기준을 제시한다. 그리고 삽화 분석의 결과를 각 대학 초급일본어 교과서별로 비교 분석한다.

4.1.1 삽화 분석의 기준

제3장에서 언급한 바와 같이 본서에서는 외형적인 측면에 따른 기준과 교과서의 본문 내용적 측면에 따른 기준을 근거로 각 대학 초급일본어 교과서에서 채택된 삽화 유형을 분석하고자 한다. 본서에서는 이들 다양한 외형적 측면을 기준으로 삽화를 각 대학 초급일본어 교과서별로 비교 분석하기로 한다. 한편 본문 내용적 측면은 사회 문화적 측면으로 초점을 두고 다시 성별, 직업, 연령, 문화로 세분화하여 비교 분석하기로 한다.

4.1.2 삽화 분석

이절에서는 대학 초급일본어 교과서에 나타난 삽화를 토대로 표현 유형별, CUT적 측면과 본문 내용적(사회/문화적) 측면에 의거하여 분석을 하고자 한다.

4.1.2.1 외형적인 측면에 따른 결과 분석

아래의 표는 대학 초급일본어 교과서에 나타난 외형적인 측면 즉, 표현 유형별 측면, 사진, CUT적 측면을 수치화한 것이다.

표2 외형적 측면

		표현 유형별 측면 (그림)							사진	CUT
		사실적	반사실적	만화적	환상적	투사적	의인적	추상적		
K	1	0	0	12	0	0	0	3	0	0
M	2	0	0	15	0	0	0	4	0	0
K	1	13	0	1	0	0	0	1	0	0
P	2	13	1	0	0	0	0	4	0	0
Y	1	13	0	0	0	0	0	0	0	0
N	2	15	0	0	0	0	0	0	0	0

외형적 측면은 사실적, 반사실적, 만화적, 환상적, 투사적, 의인적, 추상적인 측면으로 하위분류 되는 표현 유형별적인 측면, 사진, CUT적 측면으로 분류된다. 표2에서 알 수 있듯이, KM(1)(2), KB(1)(2), YN(1)(2)에서는 표현 유형별 측면에서 사실적 측면이 차지하는 비중이 가장 높은 것을 알 수 있다. 반사실적 측면, 환상적, 투사적, 의인적 측면은 거의 보이지 않으며, 만화적 측면은 KM(1)과 KM(2)에서 가장 많이 보인다. 추상적인 측면은 KM(1)(2), KB(1)(2)에 조금씩 보인다. 한편 사진과 CUT적인 측면을 재택한 대학 초급일본이 교괴서는 하나도 보이지 않았다

이상의 사실에서 대학 초급일본어 교과서에서는 사실적 측면을 강조한 삽화가 주류를 이루며 다양한 측면을 고려한 삽화를 채택하는 데에는 매우 소극적임을 알 수 있다. 따라서 사실적 측면 이외의 측면을 다양하게 고려한 삽화의 제작을 진지하게 검토할 필요가 있다고 생각한다.

다음은 표현 유형별 측면에서 사실적 측면을 반영한 삽화를 KB(1)(2) 교과서로만 국한하여 예시한 것이다.

KB(1 : p.50)

どのくらい かかりますか

> **会話**

野口 : きのうは何をしましたか。
黄　 : ひとりで新宿へ行きました。
野口 : ここから新宿までどのくらいかかりますか。
黄　 : 電車で20分くらいです。
野口 : 新宿で何をしましたか。
黄　 : 洋服を買いました。
野口 : 今日は何をしますか。
黄　 : 何もしません。
野口 : じゃ、いっしょにビデオを見ませんか。
黄　 : ええ、見ましょう。

그림1　KB1 사실적 측면

KB(2 : p.118)

必ず 受けなければ いけませんか

> **会話**

先生 : あしたは身体検査ですから、休まないでください。
学生 : 何を検査しますか。
先生 : まず、身長と体重をはかって、目と耳の検査をしてから、
　　　 血圧をはかって、血液を採ります。
学生 : 必ず、受けなければいけませんか。
先生 : 受けなくてもいいですが、どうしてですか。
学生 : 明日は両親が日本に来ますから、
　　　 空港まで迎えにいかなければなりません。
先生 : では、あさって他のクラスの人と一緒に受けてください。

그림2　KB2 사실적 측면

그림1 **그림2** 는 각각 세부묘사나 과장됨 없이 옷을 사는 장면과 시력검사를 하는 장면 등의 현실적인 표현을 담고 있기 때문에 사실적 표현이라 할 수 있다.

다음은 표현 유형별 측면에서 반사실적 측면을 반영한 삽화를 예시한 것이다.

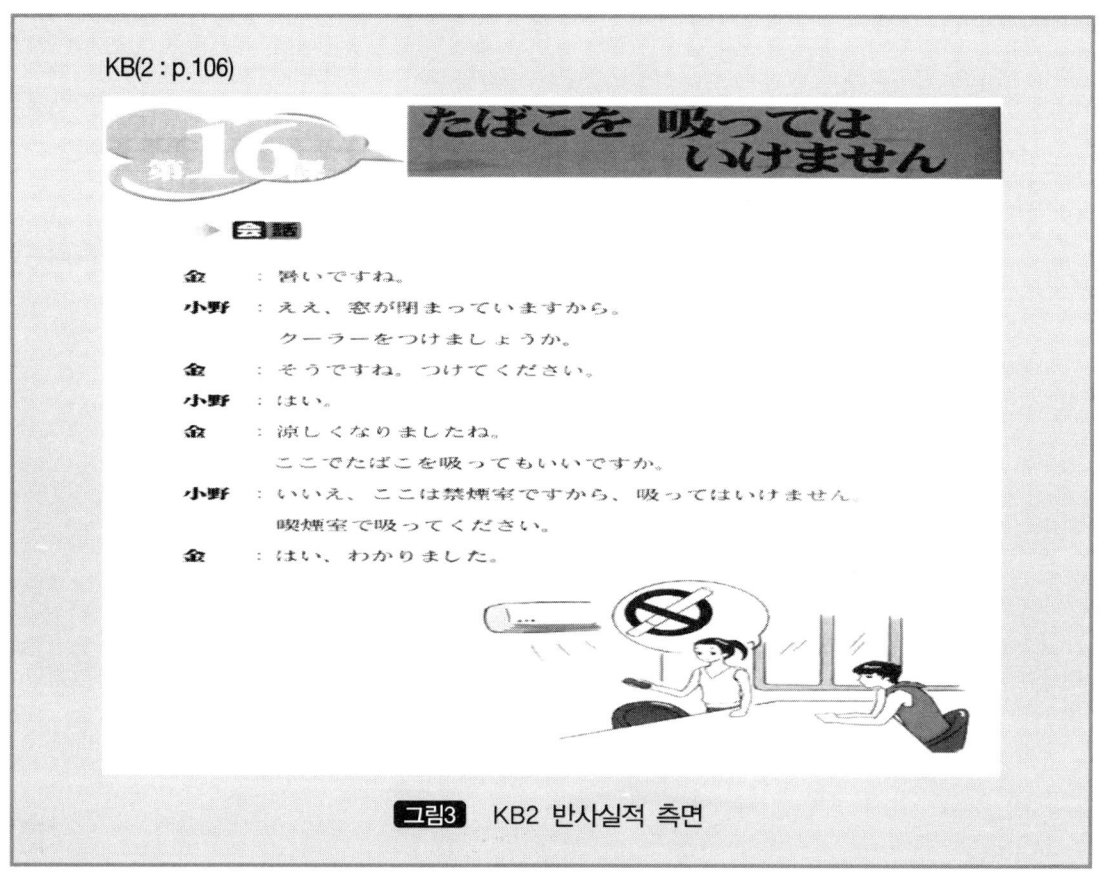

KB(2 : p.106)

그림3 KB2 반사실적 측면

그림3 의 경우 그림의 내용은 사실적이지만 등장인물의 생각이 사실과는 다른 만화적으로 묘사되어 있기 때문에 반사실적 표현이라 할 수 있다.

표현 유형별 측면에서 환상적 측면, 투사적 측면, 의인적 측면을 반영한 삽화는 전혀 없었다.

다음은 표현 유형별 측면에서 추상적 측면을 반영한 삽화를 KB대학으로만 국한하여 예시한 것이다.

KB(1 : p.38)

誕生日は1月1日です

▶ 会話

山口 ： 安さん、きのう何を買いましたか。
安 ： 友達の誕生日のプレゼントを買いました。
山口 ： プレゼントは何ですか。
安 ： 日本のCDを買いました。
山口 ： 韓さんも買いましたか。
安 ： いいえ、韓さんは買いませんでした。
山口 ： そうですか。
　　　お友達の誕生日はいつですか。
安 ： 1月1日です。

그림4 KB1 추상적 측면

KB(2 : p.146)

右へ曲がると 古本屋があります

▶ 会話

孫 ： 暇なとき、古本屋へ行きたいですが、
　　　どうやっていきますか。
佐野 ： ここから電車に乗って、新宿で乗り換えます。
　　　そして、神田で降ります。
孫 ： 神田ですね。
佐野 ： はい。駅を出ると信号があります。
　　　そこを渡って、右へ曲がると、古本屋があります。
孫 ： ありがとうございました。

그림5 KB2 추상적 측면

그림4 **그림5**에서 확인할 수 있듯이 보이지 않는 생각들을 어떠한 형태로 나타내었다는 것을 확인할 수 있었기 때문에 추상적 표현이라 볼 수 있다.

표현 유형별 측면에서 사진적 측면과 CUT적 측면을 반영한 삽화는 전혀 없었다.

4.1.2.2 본문 내용적(사회/문화적) 측면

이절에서는 본문 내용적(사회/문화적) 측면(성별, 직업, 연령, 문화)의 채택 여부를 대학 초급일본어 교과서별로 살펴보기로 한다.

4.1.2.2.1 성별

다음의 표는 대학 초급일본어 교과서에 나타난 남녀 성별 관련 삽화를 수치로 나타낸 것이다.

표3 성별

	KM		KB		YN	
	1	2	1	2	1	2
남자	11	35	13	16	14	13
여자	11	7	13	11	16	16
합계	22	42	26	27	30	29

KM(1), KB(1)(2), YN(1)(2)에서는 남녀 성비가 거의 균등한 형태로 삽화가 제작된 것을 볼 수 있으며, KM(2)에서는 여자보다 남자가 압도적으로 삽화에 많이 채택된 것을 확인할 수 있다. 교과서의 본문 내용에 관련된 필연적인 현상으로 볼 수 있을지도 모르지만, 만약 교과서 본문과 관계가 없다면, 의도적으로 남녀 성비를 조정하여 삽화에 반영할 필요가 있다고 생각되어진다.

다음은 본문 내용적 측면에서 성별을 반영한 삽화를 KB대학의 교과서로만 국한하여 예시한 것이다.

KB(1 : p.22)

これは 日本語の 辞書です

会話

先生 ： 朴さん、 それは 何ですか。
朴 ： これは、 日本語の 辞書です。
先生 ： 朴さんの 辞書ですか。
朴 ： はい、 そうです。 わたしの 辞書です。
先生 ： あのかばんも 朴さんのですか。
朴 ： いいえ、 わたしのかばんでは ありません。
先生 ： では、 だれのかばんですか。
朴 ： あれは 安さんのです。

그림6　KB1 남자

KB(1:p.56)

日本人は 何で 食べます

会話

先生 ： 「잘 먹겠습니다」は 日本語で 何ですか。
李 ： 日本語で「いただきます」です。
先生 ： そうですね。
　　　 李さんは、 だれから 日本語を 習いましたか。
李 ： 父に 習いました。
先生 ： そうですか。
　　　 では、 韓国人は、 はしとスプーンで 食事を しますね。
　　　 日本人は 何で 食べますか。
李 ： はしで 食べます。
朴 ： スプーンは 使いませんか。
先生 ： ええ、 使いません。

그림7　KB1 여자

KB(2 : p.124)

免許を とることが できますか

> **会話**

張　　：松田さんはバイクに乗ることができますか。
松田　：ええ、できます。
張　　：そうですか。
　　　　免許はいつとりましたか。
松田　：大学に入る前にとりました。
張　　：試験は難しかったですか。
松田　：実地よりペーパーの方が、少し難しかったです。
張　　：私も免許をとることができますか。
松田　：大丈夫です。
　　　　試験を受ける前に、テキストをよく読んでください。

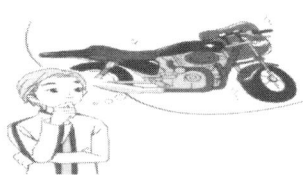

그림8　KB2 남자

KB(2 : p.178)

何を もらいましたか

> **会話**

先生　：みなさんは、誕生日に何をもらいましたか。
　　　　ひとりずつ、教えてください。
学生A：友達に腕時計をもらいました。
学生B：私は、母からスカートをもらいました。
学生C：先輩が中古のテーブルをくれました。
先生　：そうですか。では、みなさんは何をあげましたか。
学生A：後輩に財布をあげました。
学生B：先生にペアのコーヒーカップをさしあげました。
学生C：妹に人形を作ってあげました。
学生D：私は、だれからももらえませんでした。
　　　　そして、だれにもあげませんでした。
全員　：……。

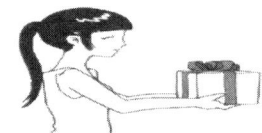

그림9　KB2 여자

4.1.2.2.2 직업

다음의 표는 대학 초급일본어 교과서에 나타난 직업 관련 삽화를 수치로 나타낸 것이다.

표4 직업

	KM		KB		YN	
	1	2	1	2	1	2
학생	2	7	7	8	10	8
회사원	4	0	0	0	0	0
의사	0	1	0	1	0	0
점원	1	3	2	0	1	0
선생님	0	1	4	0	1	0
간호사	0	0	0	1	0	0
합계	7	12	13	11	12	8

본 연구자는 각 대학 초급일본어 교과서를 면밀히 살펴본 결과, 직업을 학생, 회사원, 의사, 점원, 사장, 선생님, 간호사, 가이드로 분류될 수 있음을 확인하였다.

대학 교과서의 특성상 때문인지는 모르지만, KM(1), KB(1)(2), YN(1)(2)의 교과서에는 학생이 들어간 삽화가 주류를 이루고 있었다. 그외에 회사원, 점원, 선생님이 들어간 삽화도 있었다.

다음은 본문 내용적 측면에서 직업을 반영한 삽화를 KB대학으로만 국한하여 예시한 것이다.

KB(1 : p.82)

一週間に 何回 使いますか

▶ 会話

朴　　：ここは、一クラス何人の生徒がいますか。

先生　：男子が18人で、女子が17人です。
　　　　全員で35人います。

朴　　：そうですか。
　　　　パソコンの授業はありますか。

先生　：はい、あります。

朴　　：一週間に何回パソコンを使いますか。

先生　：一週間に3回くらい使います。

朴　　：この教室に、パソコンは何台ありますか。

先生　：全部で40台あります。

그림10　KB1 학생

KB(1 : p.28)

時計屋は どこですか

▶ 会話

李　　：山田さん、時計屋はどこですか。

山田　：時計屋ですか。
　　　　時計屋はあそこです。

李　　：ありがとうございます。

* * *

李　　：すみません、これはどこの時計ですか。

店員　：これは、日本の時計です。

李　　：そうですか。いくらですか。

店員　：8000円です。

李　　：じゃ、これをください。

店員　：はい、ありがとうございます。

그림11　KB1 점원

KB(1 : p.22)

これは日本語の辞書です

→ 会話

先生 ： 朴さん、それは何ですか。
朴 ： これは、日本語の辞書です。
先生 ： 朴さんの辞書ですか。
朴 ： はい、そうです。わたしの辞書です。
先生 ： あのかばんも朴さんのですか。
朴 ： いいえ、わたしのかばんではありません。
先生 ： では、だれのかばんですか。
朴 ： あれは安さんのです。

그림12 KB1 선생님

KB(2 : p.100)

日本語を 教えて ください

→ 会話

権 ： 加山さん、明日は忙しいですか。
加山 ： いいえ、暇ですよ。
権 ： じゃ、すみませんが、日本語を教えてください。
加山 ： いいですよ。
　　　何時に会いましょうか。
権 ： 1時にここに来てください。
　　　大丈夫ですか。
加山 ： はい、大丈夫です。
　　　明日1時ですね。わかりました。

그림13 KB2 학생

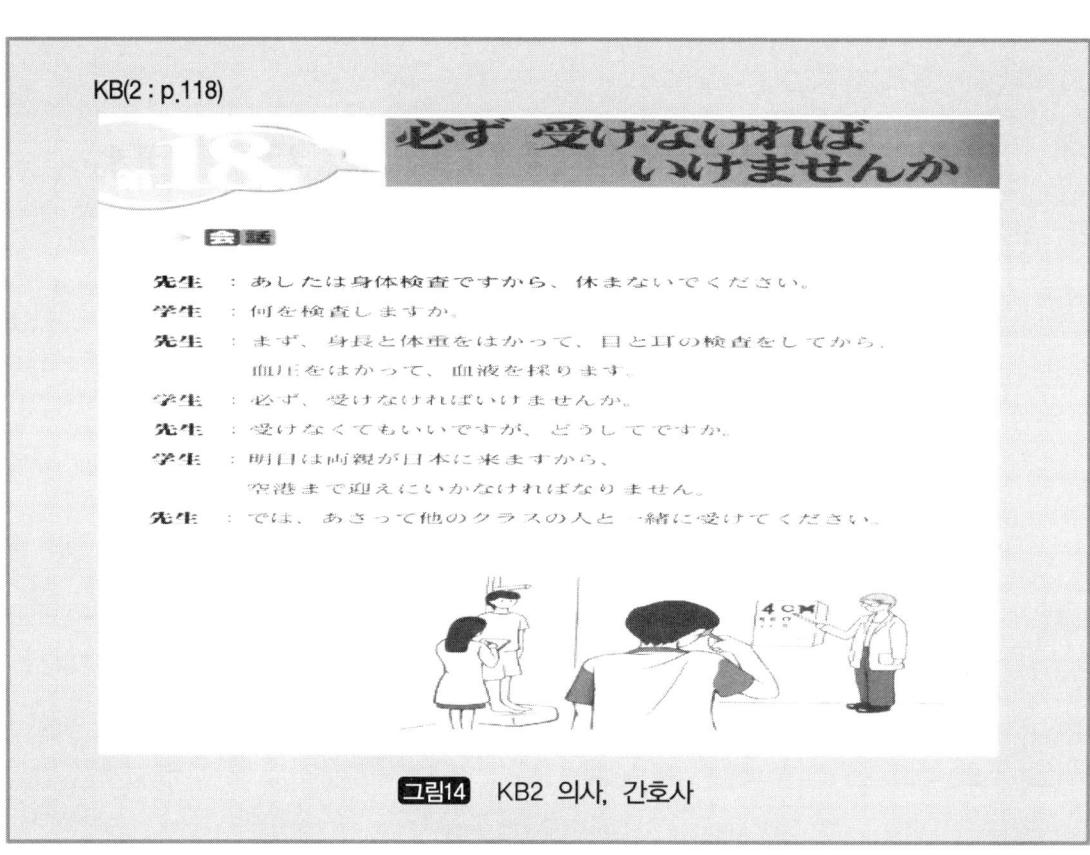

KB(2 : p.118)

必ず 受けなければ
いけませんか

会話

先生 : あしたは身体検査ですから、休まないでください。
学生 : 何を検査しますか。
先生 : まず、身長と体重をはかって、目と耳の検査をしてから、
血圧をはかって、血液を採ります。
学生 : 必ず、受けなければいけませんか。
先生 : 受けなくてもいいですが、どうしてですか。
学生 : 明日は両親が日本に来ますから、
空港まで迎えにいかなければなりません。
先生 : では、あさって他のクラスの人と 一緒に受けてください。

그림14 KB2 의사, 간호사

4.1.2.2.3 연령

다음의 표는 대학 초급일본어 교과서에 나타난 연령 관련 삽화를 수치로 나타낸 것이다.

표5 연령

	KM		KB		YN	
	1	2	1	2	1	2
아동	0	0	0	0	0	0
청소년	9	14	1	0	4	2
성인	11	28	26	27	26	27
노인	0	0	0	0	0	0
합계	21	42	27	27	30	29

본 연구자는 연령을 세분화하지 않고 아동, 청소년, 성인, 노인으로 크게 분류하여 삽화에 등장하는 인물의 연령대를 파악하였다. 그 결과 KM(1), KB(1)(2), YN(1)(2) 교과서에는 성인이 들어간 삽

화를 가장 많이 채택하고 있음을 알 수 있었다. 한편 이와는 별도로 KM(1)(2)에서 청소년이 들어간 삽화가 다른 교과서에 비해서 많은 것을 확인할 수 있었다. 이와 같이 삽화에 들어가는 연령대를 보다 세분화시켜 학습 효과의 제고를 지향하려는 집필자의 적극적인 자세가 무엇보다 필요하다고 생각된다.

다음은 본문 내용적 측면에서 연령적 측면을 반영한 삽화를 KB대학으로만 국한하여 예시한 것이다.

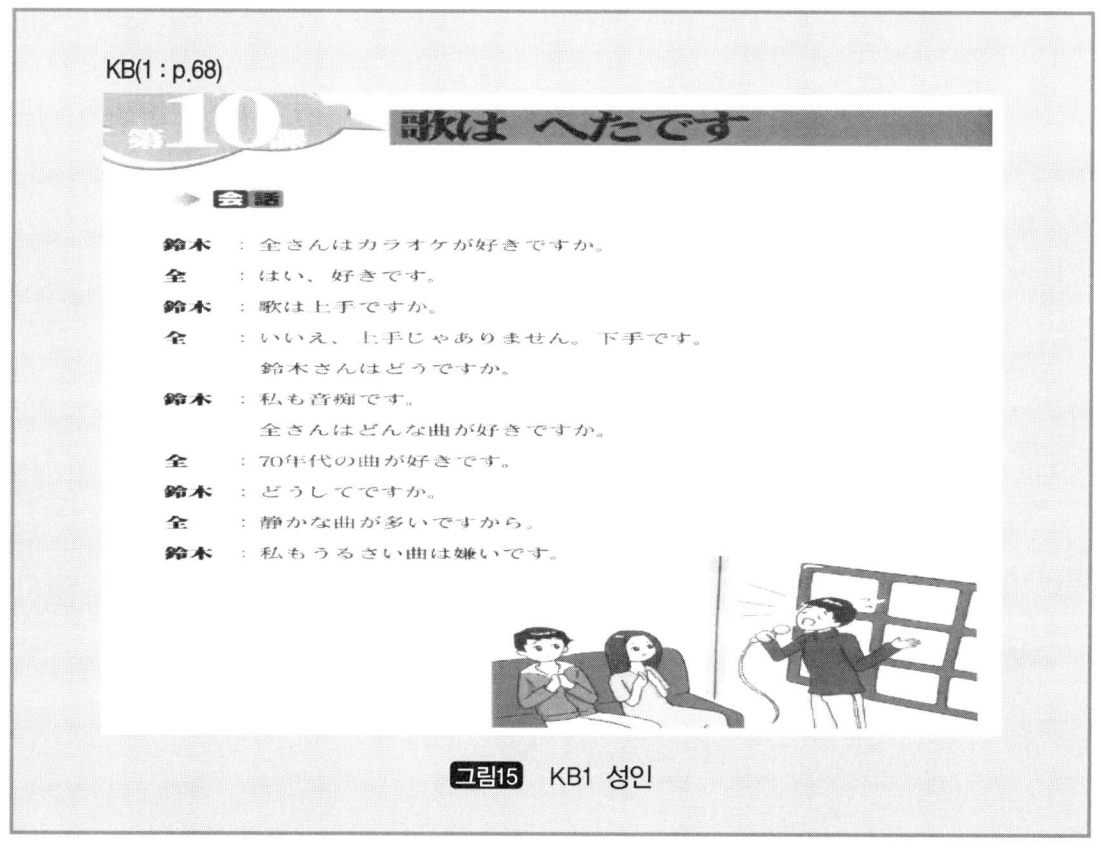

KB(1 : p.68)

第10課 歌は へたです

➡ 会話

鈴木 : 全さんはカラオケが好きですか。
全 : はい、好きです。
鈴木 : 歌は上手ですか。
全 : いいえ、上手じゃありません。下手です。
　　　鈴木さんはどうですか。
鈴木 : 私も音痴です。
　　　全さんはどんな曲が好きですか。
全 : 70年代の曲が好きです。
鈴木 : どうしてですか。
全 : 静かな曲が多いですから。
鈴木 : 私もうるさい曲は嫌いです。

그림15 KB1 성인

KB(1 : p.22)

これは日本語の辞書です

▶ **会話**

先生　：朴さん、それは何ですか。
朴　　：これは、日本語の辞書です。
先生　：朴さんの辞書ですか。
朴　　：はい、そうです。わたしの辞書です。
先生　：あのかばんも朴さんのですか。
朴　　：いいえ、わたしのかばんではありません。
先生　：では、だれのかばんですか。
朴　　：あれは安さんのです。

그림16　KB1 청소년

KB(2 : p.184)

コーヒーをめしあがりますか

▶ **会話**

朴　　：おはようございます。
田中　：おはようございます。
　　　　ゆうべは、お疲れになったでしょう。
　　　　ゆっくりお休みになれましたか。
朴　　：いいえ、あまり寝られませんでした。
田中　：そうですか。じゃ、そちらにおかけになってください。
　　　　コーヒーを召し上がりますか。
朴　　：ありがとうございます。いただきます。
田中　：テレビをご覧になりますか。
朴　　：ええ、つけてください。
　　　　ニュースが見たいです。

그림17　KB2 성인

4.1.2.2.4 문화

이절에서는 문화라는 측면을 반영한 삽화를 분석하고자 한다. 본 연구자는 문화를 다시금 전통문화, 생활문화, 대중문화로 나누고 각각의 문화적 요소를 각 대학 초급일본어 교과서에 들어간 삽화에서 찾고자 하였다.

우선 각 대학 초급일본어 교과서별로 전통문화, 생활문화, 대중문화적인 요소가 들어간 것을 표로 정리하면 다음과 같다.

표6 KM(1)에 나타난 문화

분석항목	내용
전통문화	
생활문화	인사, 교통, 전화(2), 쇼핑
대중문화	관광지, 음식, 드라마

표7 KM(2)에 나타난 문화

분석항목	내용
전통문화	낫토, 마쓰리
생활문화	병원진료, 모임, 차마시기, 식사주문, 선물(2), 여행
대중문화	관광지, 음식

표8 KB(1)에 나타난 문화

분석항목	내용
전통문화	
생활문화	인사, 쇼핑(3), 선물, 식사, 학교, 기후
대중문화	관광지, 가라오케

표9 KB(2)에 나타난 문화

분석항목	내용
전통문화	
생활문화	공부(2), 금연, 소개(2), 신체검사, 면허, 여행, 사진, 선물, TV시청
대중문화	스포츠, 도시락

표10 YN(1)에 나타난 문화

분석항목	내용
전통문화	
생활문화	인사, 드라이브, 생일, 학교(2), 소개, 쇼핑, 식사, 영화
대중문화	스포츠,하나비

표11 YN(2)에 나타난 문화

분석항목	내용
전통문화	스시
생활문화	차마시기, 관광, 사진, TV시청, 영화, 여행, 공부, 시험, 전화
대중문화	공연

그 다음으로 각 대학 초급일본어 교과서별로 문화 관련 삽화수를 반영한 수치를 살펴보기로 한다. 먼저 전통문화 관련 삽화를 수치로 제시한 표부터 보도록 하자.

표12 전통문화

학교 \ 단원	KM 1	KM 2	KB 1	KB 2	YN 1	YN 2
1	0	0	0	0	0	0
2	0	0	0	0	0	0
3	0	0	0	0	0	0
4	0	1	0	0	0	0
5	0	0	0	0	0	0
6	0	0	0	0	0	0
7	0	1	0	0	0	0
8	0	0	0	0	0	0
9	0	0	0	0	0	0
10	0	0	0	0	0	1
11	0	0	0	0	0	0
12	0	0	0	0	0	0
13	0	0	0	0	-	0
14	0	0	0	0	-	0
15	0	0	-	-	-	0
합계	0	2	0	0	0	1

앞의 표에서 보듯 각 교과서에서는 전통문화에 관련된 삽화는 거의 채택하고 있지 않음을 확인할 수 있다. 전통문화의 중요성을 감안하여 금후 교과서 집필자는 전통문화에 관련된 삽화를 적극적으로 채택할 필요가 있다고 생각한다.

둘째, 생활문화에 관련된 삽화를 수치로 제시한 표를 보도록 하자.

표13 생활문화

학교 단원	KM		KB		YN	
	1	2	1	2	1	2
1	0	0	1	1	1	1
2	0	1	0	1	1	1
3	0	1	1	1	1	0
4	1	0	0	1	1	1
5	0	0	1	1	1	0
6	0	1	0	1	0	0
7	0	0	1	1	0	1
8	0	1	1	1	0	1
9	0	1	0	1	1	1
10	1	1	0	0	1	0
11	0	0	0	0	0	1
12	1	1	1	1	1	0
13	0	0	1	1	-	1
14	1	0	1	1	-	1
15	1	0	-	-	-	0
합계	5	7	8	12	8	9

위의 **표13** 에서 보듯 각 대학 초급일본어 교과서에서는 생활문화에 관련된 삽화를 골고루 채택하고 있음을 확인할 수 있다. KB(2)에서는 다른 교과서와는 달리 생활문화 관련 삽화를 많이 채택하고 있는 것이 눈에 띈다.

생활문화적 측면을 반영한 삽화는 KM(1)(2), KB(1)(2), YN(1)(2)에서 골고루 확인할 수 있었다. 다음은 실제 삽화를 KB대학으로만 국한하여 예시한 것이다.

KB(1 : p.28)

時計屋は どこですか

> **会話**

李　　：山田さん、時計屋はどこですか。
山田　：時計屋ですか。
　　　　時計屋はあそこです。
李　　：ありがとうございます。

* * *

李　　：すみません、これはどこの時計ですか。
店員　：これは、日本の時計です。
李　　：そうですか。いくらですか。
店員　：8000円です。
李　　：じゃ、これをください。
店員　：はい、ありがとうございます。

그림18　KB1 쇼핑

KB(2 : p.178)

何を もらいましたか

> **会話**

先生　：みなさんは、誕生日に何をもらいましたか。
　　　　ひとりずつ、教えてください。
学生A：友達に腕時計をもらいました。
学生B：私は、母からスカートをもらいました。
学生C：先輩が中古のテーブルをくれました。
先生　：そうですか。では、みなさんは何をあげましたか。
学生A：後輩に財布をあげました。
学生B：先生にペアのコーヒーカップをさしあげました。
学生C：妹に人形を作ってあげました。
学生D：私は、だれからももらえませんでした。
　　　　そして、だれにもあげませんでした。
全員　：……。

그림19　KB2 선물

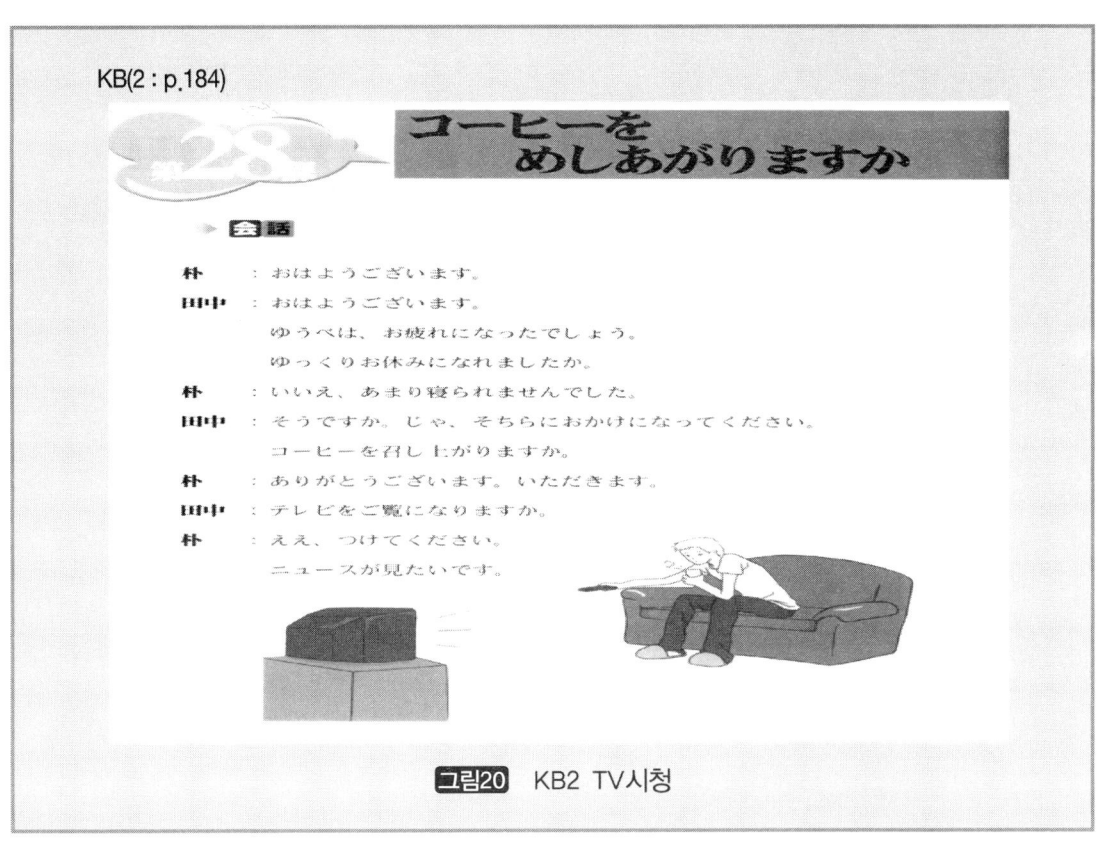

KB(2 : p.184)

코-ヒ-を めしあがりますか

会話

朴　　：おはようございます。
田中　：おはようございます。
　　　　ゆうべは、お疲れになったでしょう。
　　　　ゆっくりお休みになれましたか。
朴　　：いいえ、あまり寝られませんでした。
田中　：そうですか。じゃ、そちらにおかけになってください。
　　　　コ-ヒ-を召し上がりますか。
朴　　：ありがとうございます。いただきます。
田中　：テレビをご覧になりますか。
朴　　：ええ、つけてください。
　　　　ニュ-スが見たいです。

그림20　KB2 TV시청

셋째, 대중문화에 관련된 삽화를 수치로 제시한 표를 보도록 하자.

표14　대중문화

단원 \ 학교	KM		KB		YN	
	1	2	1	2	1	2
1	0	1	0	0	0	0
2	0	0	0	0	0	0
3	0	0	0	0	0	0
4	0	0	0	0	0	0
5	0	1	0	0	0	0
6	0	1	0	0	0	0
7	1	0	0	0	0	0
8	0	0	0	0	1	0
9	0	0	0	0	0	0
10	0	0	1	1	0	0
11	1	0	0	1	1	0

12	1	0	0	0	0	1
13	0	0	0	0	-	0
14	0	0	0	0	-	0
15	0	0	-	-	-	0
합계	3	3	1	2	2	1

위의 표에서 보듯 각 대학 초급일본어 교과서에서는 대중문화에 관련된 삽화는 생활문화만큼 적극적으로 채택하고는 있지 않음을 알 수 있다.

대중문화적 측면을 반영한 삽화는 KM(1)(2), KB(1)(2), YN(1)(2)에서 골고루 확인할 수 있었다. 다음은 실제 삽화를 KB대학으로만 국한하여 예시한 것이다.

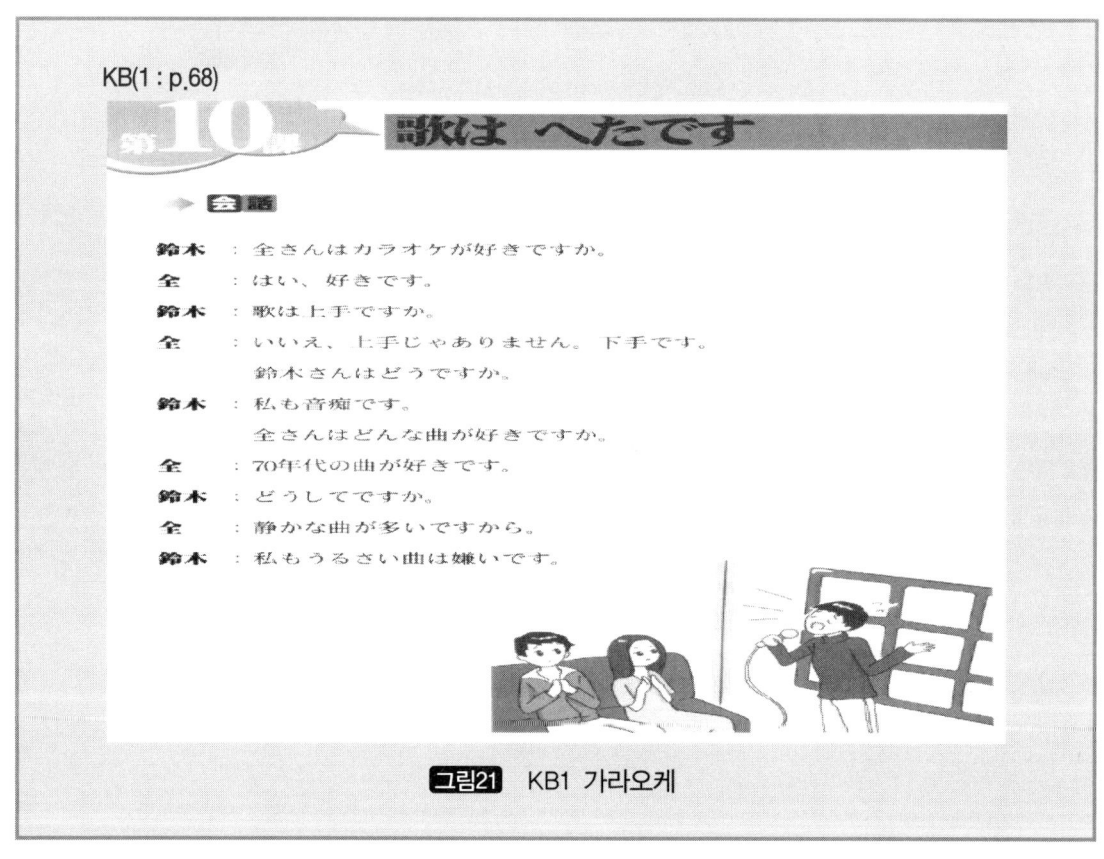

그림21 KB1 가라오케

KB(1 : p.44)

来週 月曜日に 帰ります

▶ 会話

山本 ： あした どこへ 行きますか。
洪 ： どこへも 行きません。
山本 ： 洪さんは、 いつ国へ かえりますか。
洪 ： 来週、 月曜日に 帰ります。
山本 ： じゃ、 あした 私と 一緒に 大阪へ 行きませんか。
洪 ： いいですね。 何で 行きますか。
山本 ： 新幹線で 行きませんか。
洪 ： そうですね。

그림22 KB1 관광지

KB(2 : p.158)

サッカーを 観戦することが 好きです

▶ 会話

小島 ： 日曜日は 何を しますか。
張 ： 手紙を 書くことが 好きですから、 友達に 手紙を 書きます。
小島 ： 日本語で 書きますか。
張 ： はい。 でも、 日本語で 書くことは 難しいです。
　　　 あとで チェックして ください。
小島 ： ええ、 いいですよ。
張 ： 小島さんの 趣味は 何ですか。
小島 ： サッカーの 試合を みることです。
　　　 明日、 日韓戦が あることを 知っていますか。
張 ： いいえ、 知りませんでした。
　　　 私も サッカーの 観戦が 好き
　　　 ですから、 必ず 見ます。

그림23 KB2 스포츠

4.2 요약

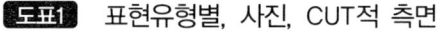
도표1 표현유형별, 사진, CUT적 측면

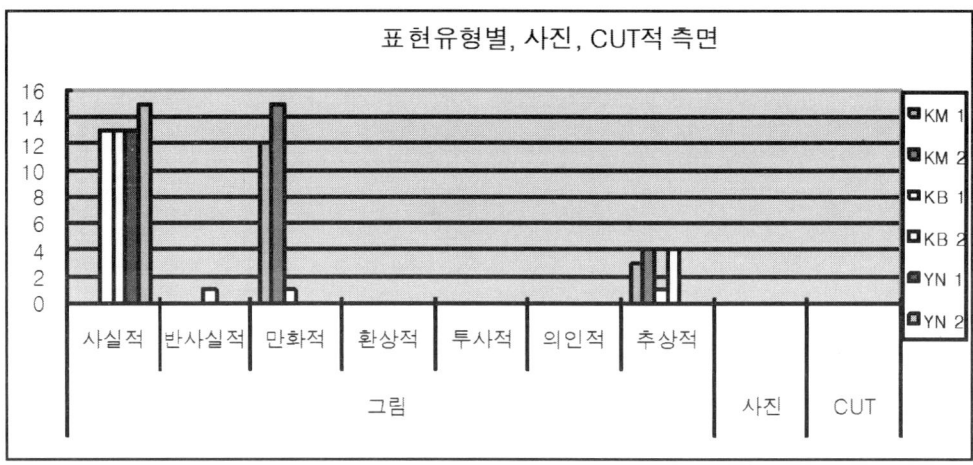

도표1 을 보면 3개 대학 초급일본어 교과서 모두 사실적 표현의 비중이 가장 높음을 알 수 있었다. 그 다음으로 만화적 표현과 추상적 표현이 뒤를 잇고 있다. 한 가지 아쉬운 점은 사진을 채택한 교과서가 전혀 없다는 점이다.

일본문화 관련 사진 등을 게재한다면 수업의 분위기를 환기시키는 동시에 학습자의 흥미를 끌어내는 데 도움이 될 것이며 또한 일본의 실제 사진을 보는 것에 의해 일본에 대한 관심도 높아질 것으로 생각되었다.

성별 부분에서는 KM(2)를 제외하고는 비슷한 수치를 나타내었다.

도표2 성별

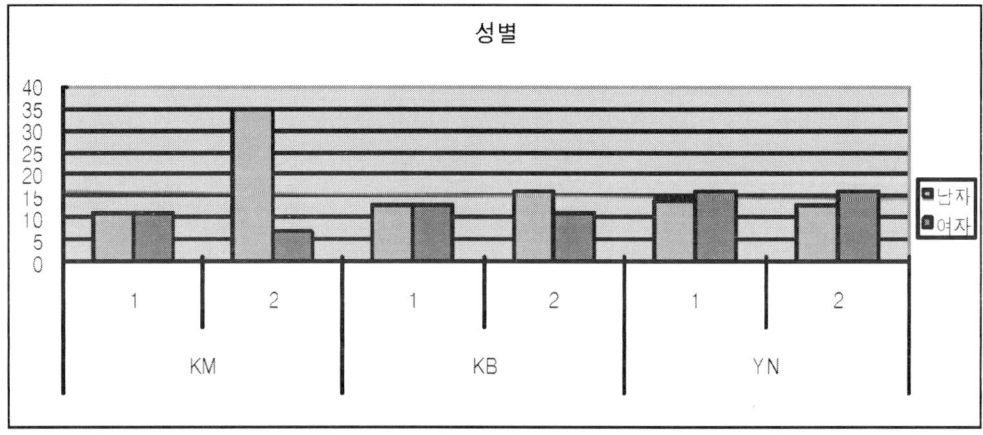

직업 부분에서는 학생의 비율이 가장 높음을 알 수 있었고 그 다음으로 점원이 뒤를 이었다. 이는 학교에서의 장면과 물건사기 내용이 대학 초급일본어 교과서에서 많이 채택되고 있는 것과 무관하지 않다고 생각한다. 그 다음으로는 선생님, 회사원, 의사, 간호사 등의 직업군이 대학 초급일본어 교과서의 삽화로 채택되고 있었다.

도표3 직업

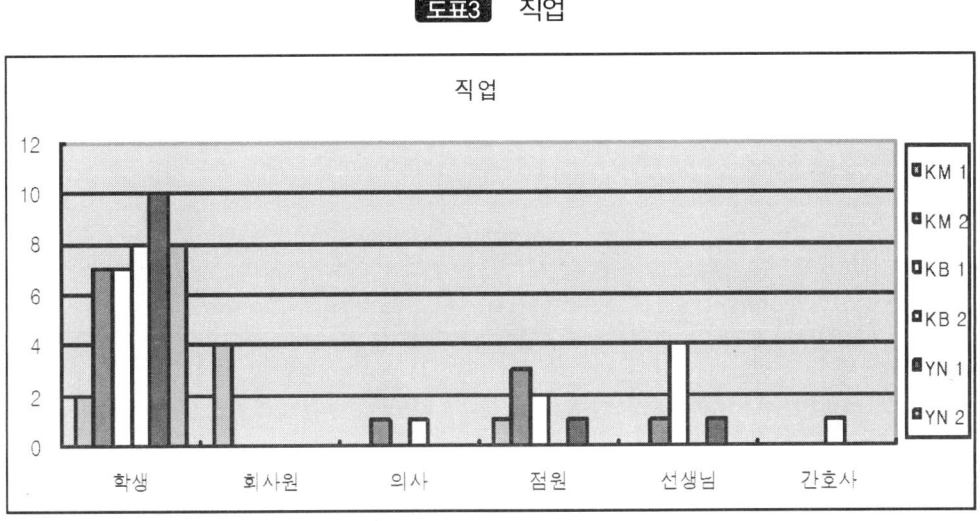

연령 부분에서는 성인의 비율이 가장 높았음을 알 수 있었다. 그에 반해 3개 대학 초급일본어 교과서 모두 아동과 노인을 채택하지 않았음을 확인할 수 있었다. 성인 다음으로는 청소년의 비율이 높았다.

도표4 연령

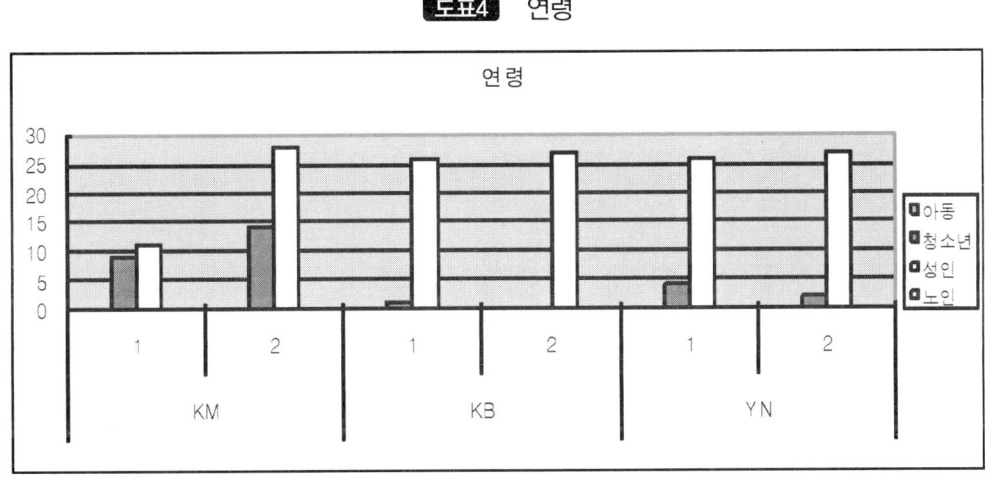

문화 부분에서는 생활문화의 비중이 가장 높았고 그 다음으로 대중문화가 뒤를 이었다. 전통문화의 경우 KB(1)(2)의 교과서에는 전혀 채택하고 있지 않음을 알 수 있었고 KM(2),YN(2)만이 전통문화를 채택하고 있었다.

도표5 문화

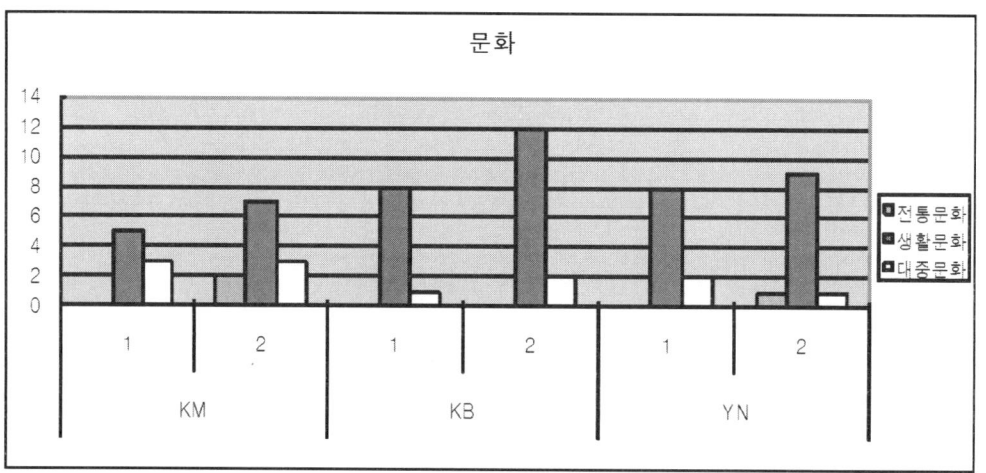

제5장 대학 초급일본어 교과서에 나타난 교수항목(syllabus)의 고찰

제3장에서 이미 언급한 바와 같이 교수항목(syllabus)은 학습요목의 일람표 혹은 학습 전체 항목 리스트를 말한다. 즉, 코스 속에서 학습자에게 간단한 것과 어려운 것, 필요한 것과 불필요한 것을 나열하고 어떤 것이 필요한 것인지 선택해 내는 작업을 말한다. 이러한 작업을 교수항목 디자인 (syllabus design)이라 한다.

교수항목의 디자인에 따라 얻어지는 리스트를 코스 실러버스(course syllabus)라고 한다. 여러 종류의 교수항목 중 어떤 타입의 항목을 사용할 것인가는 학습자의 니즈 분석을 통해 도출된 조사 자료에 의해 결정된다.

본장에서는 KM(1)(2), KB(1)(2), YN(1)(2)의 초급일본어 교과서의 교수항목을 분석하는 것에 의해 각 대학 교과서의 특징을 비교 분석하겠다.

📖 일본어 교재론

5.1 대학 초급일본어 교과서의 교수항목의 비교 분석

이절에서는 KM(1)(2), KB(1)(2), YN(1)(2)의 교과서에 나타난 교수항목을 각각 문법/구조교수항 목, 장면교수항목, 화제교수항목, 機能교수항목, 태스크교수항목을 비교 분석하기로 한다. 技能교 수항목은 듣기, 읽기, 말하기, 쓰기 기능이 중첩되어 수치화 작업에 어려움이 많았던 관계로 분석의 대상에서 제외하였다.

5.1.1 문법/구조교수항목

먼저 KM(1)(2)에 나타난 문법/구조교수항목 예를 살펴보도록 하자.

(1) ‐ あなたは学生ですか。

　　‐ はい、そうです。だいがく一年生です。(1:p.26)

　　　あなたは学生ですか。(1p.29)

(2) 木村：キムさんの趣味はなんですか。

　　キム：私は山登りが好きです。韓国にいた時は山登りによく行きました。(2:p.6)

　　　　　日本の歌を歌ってみる。(2:p.11)

예문 (1)에서는 의문문과 긍정문이 사용되었다. 예문 (2)에서는 의문문, 「～が～好きです」와 과거 긍정문, 그리고 동사 음편형이 사용되었다.

그 다음으로 KB(1)(2)에 나타난 문법/구조교수항목을 예시하면 다음과 같다.

(3) 先生：朴さん、それは何ですか。

　　朴　：これは日本語の辞書です。(1:p.22)

　　李　：山田さん、時計屋はどこですか。

　　山田：時計屋ですか。時計屋はあそこです。(1:p.28)

(4) 崔　：加山さん、あしたは忙しいですか。

　　加山：いいえ、暇ですよ。(2:p.100)

　　金　：暑いですね。

　　小野：ええ、窓が閉っていますから。

　　　　　クーラをつりてください。(2:p.106)

예문 (3)에서도 의문사가 들어간 의문문, 「です」가 들어간 긍정문, 장소 지시 대명사가 들어간 의문문과 긍정문이 사용되었다. 예문 (4)에서는 형용사가 들어간 의문문과 긍정문이 사용되었다. 그리고 음편형을 술어로 하는 긍정문과 의뢰 표현이 사용되었다.

마지막으로 YN(1)(2)에 나타난 문법/구조교수항목은 다음과 같이 예시할 수 있다.

(5) りえ ： これ、だれのかばんですか。

　　朴　 ： あ、わたしのです。すみません。(1:p.44)

　　朴　 ： ああ、そうですか。

　　　　　 あれは、東京タワーですか。

　　りえ ： いいえ、東京タワーじゃありません。東京タワーはあれです。(1:p.50)

(6) 金　 ： 私は、夏は家でアイスコーヒーを飲みながら雑誌を読むのが好きです。

　　鈴木 ： 僕はポップコーンを食べながら、友達とホラー映画を見るのが一番です。きょ
　　　　　 う、いっしょにどうですか。(2:p.44)

　　鈴木 ： どちらですか。

　　金　 ： あの窓の外の空です。(2:p.52)

　예문 (5)에서는 의문문, 긍정문, 부정문이 사용되었으며, 예문 (6)에서는 형용사를 술어로 하는 긍정문, 의문사가 들어간 의문문, 긍정문이 사용된 것을 확인할 수 있다.

　KM(1)(2), KB(1)(2), YN(1)(2)에 들어간 문법/구조교수항목을 수치화하면 다음과 같다.

표15　문법 / 구조교수항목 I

	KM		KB		YN	
	1	2	1	2	1	2
1과	0	7	3	5	5	6
2과	0	6	3	5	4	6
3과	0	6	5	4	5	7
4과	3	7	4	5	4	6
5과	3	6	3	5	4	8
6과	5	7	5	4	5	6
7과	5	7	5	5	5	7
8과	4	6	3	5	5	7
9과	3	6	4	6	5	7
10과	4	8	4	6	5	7
11과	5	7	4	4	5	9
12과	5	8	3	7	5	8
13과	6	8	6	6	-	8
14과	6	7	6	7	-	7

15과	5	7	-	-	-	7
합계	54	103	56	74	57	106

KM(1), KB(1), YN(1)의 교과서를 보면 각각 54개, 56개, 57개로 거의 비슷한 수치로 문법/구조 교수항목이 채택된 것을 알 수 있다. KM(2), KB(2), YN(2)의 교과서를 보면 103개, 74개, 106개로 KM(2)와 YN(2)에서는 문법/구조교수항목의 수치가 거의 비슷한 반면, KB(2)는 그 수치가 매우 낮다는 사실을 확인할 수 있다. 또한 YN(1)을 제외한 나머지 대학의 교과서에서는 문법/구조교수 항목이 골고루 배열되어진 것을 알 수 있다.

이번에는 문법/구조교수항목을 명사, 형용사, 동사, 수수표현, 서법, 태 등으로 분류하여 비교 분석해보기로 한다. 먼저 KM(1)(2)이다.

(7) ほんやはどこにありますか。

　　ゆうびんきょくとぎんこうのあいだにあります。(1:p.55)

(8) キム　　　：私たちも踊ってみましょうか。

　　ジョンスン：踊ってみたいですが、今はちょっと暑くて。(2:p.63)

예문 (7)에서는 주어로 명사를 주어로 한 의문문이 사용되었으며, 예문 (8)에서는 형용사의 활용 형(연용형)이 술어로 사용되었다.

그 다음으로 KB(1)(2)를 살펴보도록 하자.

(9) 野口 : 新宿で何をしましたか。

　　黃　 : 洋服をかいました。(1:p.50)

(10) 先生　：みなさんは、誕生日に何をもらいましたか。

　　　　　　ひとりずつ、教えてください。

　　学生A：友達に腕時計をもらいました。

　　学生B：私は、母からスカートをもらいました。

　　学生C：先輩が中古のテーブルをくれました。(2:p.178)

예문 (9)에서는 동사를 술어로 한 의문문과 긍정문이 사용되었으며, 예문(10)에서는 수수표현이 사용되었다.

마지막으로 YN(1)(2)이다.

(11) りえ ： 一緒に映画でも見ませんか。

　　 朴 　： いいですね。

　　 りえ ： その後で、食事しましょう。

　　 朴 　： ええ。そうしましょう。(1:p.126)

(12) 李 　： 聞き取りは、どうすればいいですか。

　　 佐藤 ： そうですね。私なら、ニュースを聞かせます。

　　　　　　 それから内容を話させます。(2:p.128)

예문 (11)에서는 의뢰 및 권유라는 서법 표현이 사용되었으며, (12)에서는 사역 표현이 사용되었다. KM(1)(2), KB(1)(2), YN(1)(2)에 들어간 문법/구조교수항목을 명사, 동사, 형용사, 시제, 상, 태, 수수표현, 서법, 조사, 조건/가정, 그 외 품사로 분류하여 재차 수치화하면 다음과 같다.

표16 문법 / 구조교수항목 II

	KM		KB		YN	
	1	2	1	2	1	2
명사	12	15	14	14	12	15
동사	12	15	14	14	12	15
형용사	6	14	3	7	8	14
시제	0	4	0	0	0	1
상	0	5	0	2	0	7
태	0	5	0	4	0	2
수수표현	0	2	0	3	0	2
서법	3	14	4	11	5	15
조사	12	15	14	14	12	15
조건, 가정	0	0	0	2	0	7
그 외 품사	9	14	7	3	8	13
합계	54	103	56	74	57	106

명사, 동사, 조사가 들어간 문법/구조교수항목의 수치는 KM(1)(2), KB(1)(2), YN(1)(2)에서 비교적 비슷한 양상을 보인다. 시제의 경우, KM(1), KB(1), YN(1)은 각각 0개로서 동일한 양상을 보이고 있으며 KM((2), KB(2), YN(2)에서는 각각 4개, 0개, 1개로서 수치가 일정하지 않다. 상과 태의 경우, KM(1), KB(1), YN(1)은 제각각 0개로 동일한 수치를 보이고 있고, KM((2), KB(2), YN(2)에서는 상은 각각 5개, 2개, 7개, 태는 각각 5개, 4개, 2개의 수치를 보인다. 수수표현의 경우, KM(1), KB(1), YN(1)에서는 하나도 도입이 되지 않았으며, KM((2), KB(2), YN(2)에서는 각각 2개, 3개, 2개로 고른 양상을 보인다. 서법의 경우, KM(1), KB(1), YN(1)에서 각각 3개, 5개, 5개이며, KM((2), KB(2), YN(2)에서는 각각 14개, 12개, 15개로 거의 비슷한 수치를 보이고 있다. 조건과 가정은 KB(2)와 YN(2)에만 들어가 있다.

5.1.2 장면교수항목

먼저 KM(1)(2)에 나타난 장면교수항목 예를 살펴보도록 하자.

(13) ‐ **옷가게**
  キム : すみません。このシャツ、着てみてもいいですか。
  店員 : はい、どうぞ。(1:p.116)

  ‐ **전화걸기**
  木村 : もしもし、木村と申しますが、田中さんお願いできますか。
  田中 : はい、お電話かわりました。(1:p.126)

(14) ‐ **병원**
  医者 : 口をあけてください。はい、けっこうです。
       少し休んだほうがいいですね。
       今日はおふろに入らないでください。
       また、出かけないほうがいいですよ。
  キム : わかりました。どうもありがとうございました。
  医者 : では、おだいじに。(2:p.16‐17)

- **커피숍**

道子 ： アイスコーヒー一つとカプチーノ一つ、それとチーズケーキをください。それから、お水いただけますか。

店の人 ： かしこまりました。(2:p.55)

예문 (13)에서는 옷가게를 장면으로 한 교수항목과 전화통화를 배경으로 한 장면교수항목이 사용되었으며 예문 (14)에서는 각각 병원 진찰 장면과 커피숍에서의 상황이 교수장면항목으로 설정되어 있다.

그 다음으로 KB(1)(2)를 살펴보도록 하자.

(15) - **식사 전 인사**

先生 ： 「잘 먹겠습니다」は日本語で何ですか。

李 ： 日本語で「いただきます」です。(1:p.56)

(16) - **회상**

学生 ： 先生、これは私が撮った写真です。見てください。

先生 ： いつ撮った写真ですか。

学生 ： 先月、東京へ行った時、撮りました。(2:p.152)

예문 (15)에서는 학교에서의 장면이 설정되어 있고 예문 (16)에서 또한 과거를 회상하는 장면이 설정되었다.

마지막으로 YN(1)(2)에 나타난 장면교수항목은 다음과 같이 예시할 수 있다.

(17) - **전자상가**

りえ ： ここは有名なヨドバシカメラです。

朴 ： わあ、とても安いですね。(1:p.89)

- **물건사기**

朴 ： 一ついくらですか。

店員 ： 大きいのは一つ1万ウォンで、小さいのは一つ7千ウォンです。(1:p.106)

(18) - TV 시청

李　：今、何をしていますか。

佐藤：テレビを見ています。

李　：そうですか。どんな番組を見ていますか。

佐藤：フジテレビのドラマを見ています。(2:p.94)

- 공공장소 방문

鈴木：日本の博物館は初めてですか。

金　：はい。行きたかったんですけどなかなかチャンスがなかったんです。

鈴木：じゃ、中に入りましょう。(2:p.69)

예문 (17)에서는 마트에서 카메라를 사는 장면교수항목이 설정되었고 예문 (18)에서는 각각 집에서의 TV시청과 박물관 견학이 장면교수항목으로 설정되었다.

KM(1)(2), KB(1)(2), YN(1)(2)에 들어간 장면교수항목을 수치화하면 다음의 **표17**과 같다.

표17　장면교수항목 I

	KM		KB		YN	
	1	2	1	2	1	2
1과	0	0	1	0	1	1
2과	0	1	0	0	2	1
3과	0	1	0	0	0	0
4과	0	1	0	1	0	1
5과	0	1	0	0	0	0
6과	0	1	0	0	0	0
7과	0	1	0	0	1	2
8과	0	1	0	0	0	0
9과	0	1	0	0	1	0
10과	0	0	0	0	1	0
11과	0	1	0	0	1	0
12과	1	0	1	0	0	0
13과	0	0	0	1	-	0
14과	1	1	0	0	-	1
15과	1	1	-	-	-	1
합계	3	11	2	2	7	7

이상 KM(1)(2), KB(1)(2), YN(1)(2)에 들어간 장면교수항목을 구체적으로 분류하여 수치화하면 다음의 **표18** 과 같다.

표18 장면교수항목 Ⅱ

	KM		KB		YN	
	1	2	1	2	1	2
병원	0	1	0	0	0	0
술집	0	1	0	0	0	0
식당	0	2	0	0	0	0
커피숍	0	1	0	0	0	2
공원	0	1	0	0	0	1
레스토랑	0	1	0	0	0	0
아르바이트	0	1	0	0	0	0
학교	0	3	2	2	2	0
시계가게	0	0	0	0	0	0
공항	0	0	0	0	1	0
자동차	0	0	0	0	1	0
집	1	0	0	0	1	2
번화가	0	0	0	0	1	1
마트	0	0	0	0	1	0
박물관	0	0	0	0	0	1
옷가게	1	0	0	0	0	0
회사	1	0	0	0	0	0
합계	3	11	2	2	7	7

위의 표를 보면 KM, KB, YN 대학 중에서 KM의 교과서에서 가장 많은 장면교수항목이 채택되었음을 알 수 있다. 그 주제도 타 대학에 비해 설정이 다양하고 특히 KM(2)의 경우는 다른 대학 교과서에 비해 압도적으로 장면교수항목을 많이 사용하고 있다는 사실을 알 수 있다. 그에 비해 KB의 경우는 장면교수항목의 설정이 현저히 낮음을 알 수 있었다.

그리고 장면교수항목으로써 가장 많이 설정된 요소는 학교였다. KM(2)가 3번, KB(1)가 1번, KB(2)가 2번, YN(2)가 2번 나왔다.

5.1.3 화제교수항목

먼저 KM(1)(2)에 나타난 화제교수항목의 예를 살펴보도록 하자.

(19) 　-　**인사**

はじめまして。わたしはキムともうします。

はじめまして。わたしはきむらともうします。(1:p.26)

　　　-　**지진**

キム　：木村さん、日本は地震が多いですね。

木村　：そうですね。昔から日本人の怖いものはやはり地震ですね。(1:p.106)

(20) 　-　**시험**

小泉　：今日のテストはどうでしたか。

キム　：そうですね。思ったよりむずかしかったです。

　　　　小泉さんにとってはむずかしくなかったでしょう。(2:p.26)

　　　-　**마쯔리**

ジョンスン：そうですね。それじゃ、お祭りでも見に行きましょうか。

キム　　　：いいですね。どこでやっていますか。

ジョンスン：上野公園でやっているそうですよ。(2:p.62)

　　예문 (19)에서는 인사와 지진에 관한 화제를 중심으로 한 교수항목을, 예문 (20)에서는 시험과 마쯔리에 관한 화제교수항목을 확인할 수 있었다.

　　그 다음으로 KB(1)(2)에 나타난 화제교수항목을 살펴보도록 하자.

(21) 　-　**첫 인사**

佐藤　：はじめまして。

　　　　佐藤と申します。よろしくお願いします。

金　　：金です。

　　　　こちらこそどうぞよろしく。(1:p.16)

　　　-　**선물**

山口　：プレゼントは何ですか。

安　　：日本のCDを買いました。(1:p.38)

(22) ‐ **일본어 학습**

大山：高さん、カタカナが苦手だと言いました。

　　　金さんはどうですか。

金　：はい、私もそうです。

　　　外来語の発音が韓国とは違いますから、正しく書くことができないかもしれま

　　　せん。(2:p.138)

　　‐ **길 묻기**

孫　：暇な時、古本屋へ行きたいですが、どうやっていきますか。

佐野：ここから電車に乗って、新宿で乗り換えます。

　　　そして、神田でおります。(2:p.146)

　예문 (21)에서도 앞에 나온 KB(1)과 같이 인사와 선물에 관한 교수항목을 확인할 수 있었으며 예문 (22)에서는 외국어 공부와 길 묻기에 관한 화제교수항목을 확인할 수 있었다. 마지막으로 YN(1)(2)에서 채택된 화제교수항목을 알아보도록 하자.

(23) ‐ **과거의 인물 회상**

朴　：りえさん、この人はだれですか。

りえ：父です。

朴　：ええ? 本当ですか? この写真、何年前の写真ですか。

りえ：ええと、10年前の写真です。(1:p.70)

　　‐ **학교생활(학급 인원) 묻기**

りえ：学生は何人ですか。

朴　：私のクラスは10人です。(1:p.77)

(24) ‐ **일본음식 기호 묻기**

鈴木：日本の食べ物の中では、何が一番好きですか。

金　：私はおすしが好きです。

　　　この前も、回転寿司でつい食べ過ぎてしまいました。(2:p.78)

- **시험**

鈴木 ： 金さん、期末試験はどうでしたか。

金　　： そうですね。まあまあの出来だと思います。

　　　　　ただ、佐藤先生の近世文学の試験がちょっと難しかったです。(2:p.144)

예문 (23)에서는 과거 인물의 소개와 학급이 화제가 되어 있고 예문 (24)에서는 일본 음식과 시험이 화제가 되어있다.

KM(1)(2), KB(1)(2), YN(1)(2)의 각 교과서에 나타나는 화제교수항목들을 수치화하면 **표19**와 같이 나타낼 수 있다.

표19　화제교수항목 I

	KM		KB		YN	
	1	2	1	2	1	2
1	0	2	1	1	1	1
2	0	1	0	0	0	1
3	0	2	2	1	1	1
4	2	1	1	1	1	1
5	0	1	1	1	1	2
6	0	1	2	1	1	3
7	1	1	1	1	1	1
8	1	1	1	1	1	1
9	0	1	2	1	1	2
10	0	1	1	2	1	1
11	1	1	1	1	1	1
12	1	1	1	1	1	1
13	1	1	1	1	-	1
14	1	3	1	1	-	1
15	1	2	-	-	-	1
합계	9	20	16	14	11	19

KM(1)(2), KB(1)(2), YN(1)(2)에 들어간 화제교수항목을 구체적으로 분류하여 수치화하면 다음의 **표20**과 같다.

	KM		KB		YN	
	1	2	1	2	1	2
첫만남	1	0	0	0	0	0
자기 소개	1	0	0	0	1	0
소개	1	0	1	1	0	0
방 설명	1	0	0	0	0	0
여행	1	0	1	1	0	1
일상	1	0	1	2	1	0
지진	1	0	0	0	0	0
쇼핑	1	0	3	0	1	0
일정 잡기	1	0	0	0	0	0
취미	0	1	0	1	0	0
등산	0	1	0	0	0	0
진료	0	1	0	0	0	0
시험	0	1	0	0	0	1
초대	0	1	0	0	0	0
음식	0	1	0	0	0	0
일본의 겨울	0	1	0	0	0	0
차 마시기	0	1	0	0	0	1
마쓰리	0	1	0	0	0	0
주문하기	0	1	0	0	0	0
생일	0	1	1	1	1	0
겨울방학	0	2	0	0	0	0
여름방학	0	0	0	0	0	1
건물 설명	0	1	0	0	0	0
대학 축제	0	1	0	0	0	1
신문	0	1	0	0	0	0
인터넷	0	1	0	0	0	0
리포트	0	1	0	0	0	0
식사	0	1	0	0	0	0
길 가르치기	0	0	1	0	0	0
길 묻기	0	0	0	1	0	1
시간 묻기	0	0	1	0	0	0
귀국	0	0	1	0	0	0
한일 문화	0	0	1	0	0	0
가라오케	0	0	2	0	0	0
위치 파악	0	0	1	0	0	0

표20 화제교수항목 II

학교 소개	0	0	1	0	0	0
계절	0	0	1	0	0	0
일본어 공부	0	0	0	2	0	1
한국어 공부	0	0	0	1	0	0
신체검사	0	0	0	1	0	0
오토바이	0	0	0	1	0	0
사진	0	0	0	1	1	0
운동회	0	0	0	1	0	0
수업	0	0	0	0	1	0
하나비	0	0	0	0	1	0
학교 생활	0	0	0	0	1	0
거리 안내	0	0	0	0	1	0
스포츠	0	0	0	0	1	0
약속잡기	0	0	0	0	1	2
경치보기	0	0	0	0	0	1
관광	0	1	0	0	0	1
음식 소개	0	0	0	0	0	1
주말 일과	0	0	0	0	0	1
한국 대학 생활	0	0	0	0	0	1
TV 시청	0	0	0	0	0	1
여행 준비	0	0	0	0	0	1
영화	0	0	0	0	0	1
요리	0	0	0	0	0	1
메시지 전달	0	0	0	0	0	1
합계	9	20	16	14	11	19

위의 표에서 보면 각 대학 교과서에 채택된 화제교수항목의 종류가 매우 다양함을 알 수 있다. 일상, 쇼핑, 생일에 관한 화제가 가장 많이 채택되었다. YN(1)(2)를 제외한 KM(1)(2)와 KB(1)(2)에서는 학습의 난이도가 높아짐에 따라 (1)보다 (2) 교과서에서 그 종류가 다양해짐을 알 수 있었다. 다양한 장면의 사용은 학습자의 의사소통 능력 향상에도 상당한 도움을 줄 것이므로 예상되므로 앞으로도 더 많은 화제교수항목의 사용이 이루어져야할 것으로 생각된다.

5.1.4 機能교수항목

먼저 KM(1)(2)에 나타난 機能교수항목의 예를 살펴보도록 하자.

(25) 木村 ： それはおいしいですか。

　　　 キム ： ええ、日本人にはちょっと辛いかもしれませんが、ほんとうにおいしいですよ。(1:p.92)

　　　 キム ： 外にいる時はどうしますか。

　　　 木村 ： 建物の近くには行かないでください。(1:p.106)

(26) キム ： 木村さんは富士山に登ったことがありますか。

　　　 木村 ： いいえ、まだです。今年の夏休みにはぜひ登ってみたいですね。(2:p.6)

　　　 木村 ： キムさん、顔色がよくないですね。

　　　 キム ： ちょっと体がだるいです。

　　　 木村 ： それじゃ、早めに病院に行ったほうがいいですね。(2:p.16)

예문 (25)에서는 「かもしれない」를 사용한 추측 표현의 기능과 「〜ないでください」를 사용한 금지 표현의 기능을 예시하고 있다. 예문 (26)에서는 「〜てみたい」를 사용하여 희망 표현을 예시하고 있으며 또 「〜たほうがいい」를 사용하여 조언을 예시하고 있다.

다음으로 KB(1)(2)에 나타난 예문을 살펴보도록 하자.

(27) 山本 ： 洪さんは、いつ国へかえりますか。

　　　 洪　 ： 来週、月曜日に帰ります。

　　　 山本 ： じゃ、あした私と一緒に大阪へ行きませんか。(1:p.44)

　　　 黄　 ： 私は安いのがほしいです。

　　　 白　 ： 私はギアつきが買いたいです。(1:p.94)

(28) 金　 ： 涼しくなりましたね。

　　　　　　 ここでたばこを吸ってもいいですか

　　　 小野 ： いいえ、ここは禁煙室ですから、吸ってはいけません。(2:p.106)

　　　 学生 ： 明日は両親が日本に来ますから、空港まで迎えにいかなければなりません。

　　　 先生 ： では、あさって他のクラスの人と一緒に受けてください。(2:p.118)

예문 (27)에서는 각각 「〜ませんか」와 「〜ほしい」, 「〜たい」를 사용하여 제안, 권유 표현과 희망을 예시하고 있으며 예문 (28)에서는 「〜てはいけません」을 사용한 금지 표현과 「〜なければな

りません」,「～てください」を使用した 명령 표현을 예시하고 있다.

마지막으로 YN(1)(2)의 예문을 살펴보도록 하자.

(29) りえ ： 土曜日も授業ですか。

　　朴 　： いいえ、週末は休みです。

　　りえ ： そうですか。頑張ってくださいね。(1:p.64)

　　朴 　： 上手ですか。

　　りえ ： いいえ、あまり上手じゃありませんが、好きです。

　　朴 　： じゃ、今度いっしょにどうですか。(1:p.99)

(30) 鈴木 ： 何にしましょうか。

　　金 　： そうですね。冷たいものが飲みたいです。(2:p.44)

　　金 　： 何か用意するものはありませんか。

　　鈴木 ： カメラとお弁当ぐらいでしょう。あした10時に赤門で会いましょう。(2:p.61)

예문 (29)에서는 「頑張ってくださいね。」라는 표현을 사용한 격려의 기능을 예시하고 있으며 또 「いっしょにどうですか。」라는 제안의 기능을 예시하고 있다. 예문 (30)에서는 「～たい」를 사용하여 희망을 예시하고 있고 「～で会いましょう」라는 표현을 사용한 제안과 권유의 기능을 예시하고 있다.

KM(1)(2), KB(1)(2), YN(1)(2)의 각 교과서에 나타나는 機能교수항목들을 수치화하면 표21 과 같이 나타낼 수 있다.

표21　機能교수항목 I

	KM		KB		YN	
	1	2	1	2	1	2
1	0	2	0	2	1	4
2	0	3	0	3	0	2
3	0	3	1	0	0	3
4	0	1	0	2	1	3
5	0	2	0	1	0	4
6	0	4	2	2	0	4
7	0	3	2	2	0	2

8	0	1	0	0	2	3
9	0	2	0	2	1	4
10	0	3	0	2	0	3
11	0	1	0	1	0	3
12	1	2	0	1	2	4
13	2	4	1	1	-	3
14	2	2	2	4	-	3
15	2	3	-	-	-	3
합계	7	36	8	23	7	48

이상 KM(1)(2), KB(1)(2), YN(1)(2)에 들어간 機能교수항목을 교과서에 나타난 장면을 구체적으로 분류하여 수치화하면 다음의 **표22**와 같다.

표22 機能교수항목Ⅱ

	KM		KB		YN		합계
	1	2	1	2	1	2	
희망	0	7	1	2	0	4	14
제안, 권유	1	7	3	5	2	8	26
명령	3	4	1	8	2	8	26
조언	0	1	0	0	0	0	1
동의	0	4	2	1	2	9	18
사과	0	2	0	0	0	0	2
추측	1	4	0	3	0	5	13
의무	0	1	0	1	0	0	2
거절	0	1	0	0	0	2	3
의지	0	4	1	2	0	10	17
격려	0	1	0	0	1	0	2
허가	1	0	0	0	0	0	1
부탁	1	0	0	0	0	0	1
금지	0	0	0	1	0	0	1
의뢰	0	0	0	0	0	2	2
합계	7	36	8	23	7	48	129

KM(1), KB(1), YN(1)에서보다 KM(2), KB(2), YN(2)에서 압도적으로 機能교수항목이 채택되었

다. 학습의 난이도로 보았을 때 (1)의 교과서보다 (2)의 교과서로 갈수록 학습의 내용과 종류가 다양해짐에 따라 이에 따른 機能교수항목의 채택도 많이 이루어졌다고 판단된다. 명령 표현이 26번으로 가장 많이 사용되고 있었으며 조언, 허가, 부탁, 금지 표현은 각각 1번씩 채택된 것으로 나타났다.

5.1.5 태스크교수항목

다음의 표를 보도록 하자.

표23 태스크교수항목

	KM		KB		YN	
	1	2	1	2	1	2
1	0	0	0	0	0	0
2	0	0	0	0	0	0
3	0	0	0	0	0	0
4	0	0	0	0	0	0
5	0	0	0	0	0	0
6	0	0	0	0	0	0
7	0	0	0	0	0	0
8	0	0	0	0	0	0
9	0	0	0	0	0	0
10	0	0	0	0	0	0
11	0	0	0	0	0	0
12	0	0	0	0	0	0
13	0	0	0	0	-	0
14	0	0	0	0	-	0
15	0	0	-	-	-	0
합계	0	0	0	0	0	0

태스크교수항목은 KM(1)(2), KB(1)(2), YN(1)(2) 전 교과에 걸쳐 전혀 나타나지 않았다.

5.2 교수항목의 분포로 본 각 대학 초급일본어 교과서의 특징

이하의 절에서는 각 대학 초급일본어 교과서에 나타난 교수항목을 비교하고, 그리고 나서 각 대학 초급일본어 교과서에 나타난 교수항목별 특징을 그래프로 제시하면서 비교 분석하기로 한다.

5.2.1 각 대학 초급일본어 교과서에 나타난 교수항목의 비교

아래의 **표24** 를 보도록 하자.

표24 교수항목별 비교

	KM		KB		YN	
	1	2	1	2	1	2
문법구조	54	103	56	74	57	106
장면	3	11	2	2	7	7
화제	9	20	16	14	11	19
機能	7	36	8	23	7	48
타스크	0	0	0	0	0	0

3개 대학 초급일본어 교과서에서 가장 많이 사용된 교수항목은 문법/구조교수항목이었다. 그에 비해 태스크교수항목은 전혀 채택하지 않음을 알 수 있었다. 또 아쉬운 점은 장면교수항목의 채택율이 다른 교수항목에 비해 낮은 점이었는데 다양한 장면을 배치하여 학습자에게 일본어를 학습시킨다면 좀 더 흥미 있고 다채로운 학습 도구로써 학습자들에게 학습의욕을 고취시킬 수 있을 것이라 생각되었다.

5.2.2 각 교과서에 나타난 교수항목별 특징

이절에서는 각 교과서에 나타난 교수항목의 유형을 같은 학교 교과서별로 비교 분석 한다.

KM(1) 교과서의 중점 교수항목

도표6 KM(1)

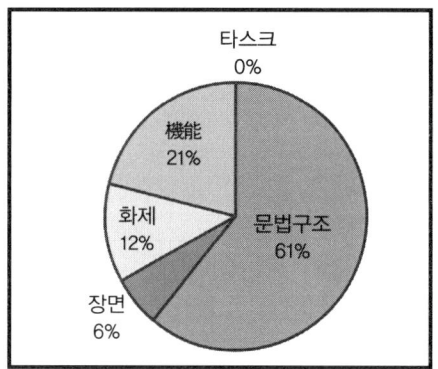

KM(2) 교과서의 중점 교수항목

도표7 KM(2)

KM(1)(2) 모두 문법구조 교수항목을 가장 많이 채택함을 알 수 있었고, 두 교과서의 차이점은 KM(2)의 교과서가 KM(1)의 교과서보다 機能교수항목의 채택율이 높음을 알 수 있었다. 이는 KM(1) 교과서보다 KM(2) 교과서의 난이도가 높은 만큼 그에 따른 機能교수항목의 사용이 활발해진 것으로 판단된다.

KB(1) 교과서의 중점 교수항목

도표8 KM(1)

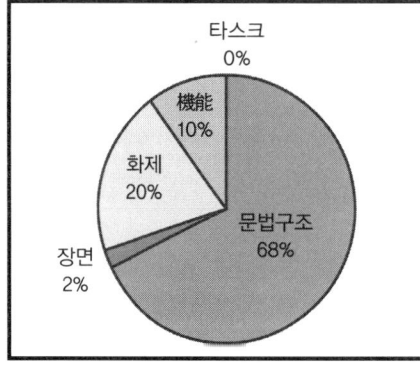

KB(2) 교과서의 중점 교수항목

도표9 KM(2)

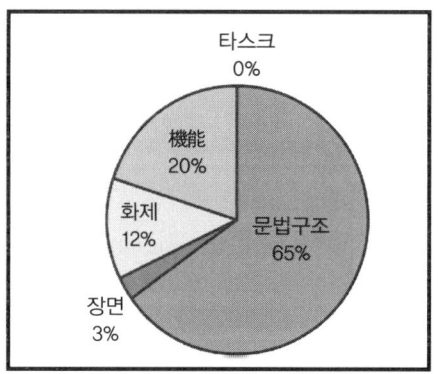

KB(1)(2) 모두 앞의 KM(1)(2)의 교과서와 같이 문법구조교수항목의 채택율이 가장 높았다. 조금 더 다양한 활용을 요하는 機能교수항목의 경우 KB(2) 교과서 쪽이 좀 더 적극적으로 채택하고 있음을 확인할 수 있었다.

YN(1) 교과서의 중점 교수항목

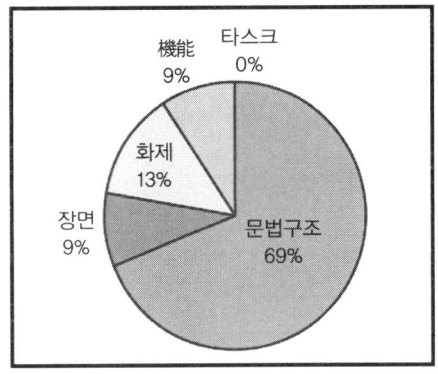

도표10 YN(1)

YN(2) 교과서의 중점 교수항목

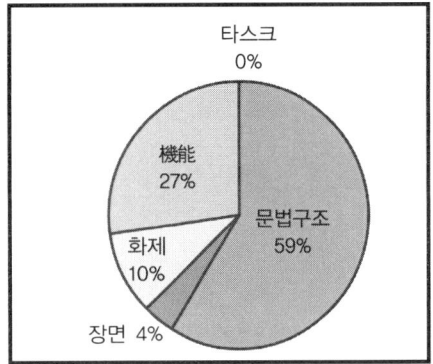

도표11 YN(2)

YN(1)(2) 모두 앞에서 제시한 대학과 마찬가지로 문법/구조교수항목의 활용이 가장 높았음을 확인할 수 있었다.

⊂ 5.3 요약

학습자의 니즈에 근거하여 "무엇을 가르칠 것인가"를 결정하는 과정으로 우선적으로 고려해야 하는 것이 교수항목이다.[1] 즉 이것에 대한 표나 항목을 만들고 학습자의 학습목표나 도달목표를 알게 된다면 거기서부터 학습자가 무엇을 생각해야 하는지가 명확하게 밝혀지게 된다. 이 '무엇을' 에 해당하는 것이 교수항목이며 이것을 어떻게 어떤 형식으로 나타내는가에 의해 교수항목은 다양 하게 분류된다.

각 대학 초급일본어 교과서는 다양한 교수항목들을 채택하고 있었으며 또 학교별로 채택하고 있는 교수항목의 특징도 조금씩 달랐다. 아직은 3개 대학 모두 문법구조교수항목에 치우치고 있는 경향이 높았는데, 21세기 교육 흐름에 따라 의사소통에 근거한 교수항목, 예를 들면 장면교수항목 의 개발을 통해 금후 그 채택량을 늘려간다면 일본어 학습자에게 좀 더 실용적인 일본어교육을 실시할 수 있을 것이라 생각된다.

---

1) 高見澤孟(2004)『新・はじめての日本語教育 2 』日本語教授法入門 株式会社アスク p.31

일본어 교재론

제6장

대학 초급일본어 교과서 연습문제에 나타난 드릴 유형 분석

본장에서는 드릴연습 유형(반복드릴, 대입드릴/치환드릴, 변형드릴, 결합드릴, 확장드릴, 완성드릴, 문답드릴)과 의미연습 유형(장면연습, 소회화연습, 인포메이션 갭 연습, 인터뷰 태스크)이 각 대학 초급일본어 교과서 즉 KM(1)(2), KB(1)(2), YN(1)(2)의 교과서에 각각 어떠한 빈도로 나타나는지를 살펴보고자 한다.

6.1 연습문제 유형에 대한 교과서 분석

이절에서는 정확하게 말하기/쓰기와 적절하게 말하기/쓰기에 관련된 다양한 드릴유형과 의미연습 유형이 각 대학 교과서의 연습문제에 채택된 양상을 살펴보기로 한다.

6.1.1 정확하게 말하기/쓰기

6.1.1.1 반복드릴

다음의 표는 KM(1)(2), KB(1)(2), YN(1)(2)에 나오는 반복드릴을 수치화한 것으로 특징적인 것은 그 어느 쪽의 교과서에서도 반복드릴 문제가 출현하지 않고 있다는 것이다.

표25 반복드릴

학교 단원	KM		KB		YN	
	1	2	1	2	1	2
1	0	0	0	0	0	0
2	0	0	0	0	0	0
3	0	0	0	0	0	0

4	0	0	0	0	0	0
5	0	0	0	0	0	0
6	0	0	0	0	0	0
7	0	0	0	0	0	0
8	0	0	0	0	0	0
9	0	0	0	0	0	0
10	0	0	0	0	0	0
11	0	0	0	0	0	0
12	0	0	0	0	0	0
13	0	0	0	0	-	0
14	0	0	0	0	-	0
15	0	0	-	-	-	0
합계	0	0	0	0	0	0

위의 **표25** 에서 제시된 수치는 KM(1)(2), KB(1)(2), YN(1)(2)의 집필자들에게 있어 반복드릴에 대한 공통된 인식의 정도를 말해 주는 것으로, 반복드릴 문제가 연습문제에는 적당하지 않다는 것을 시사해 주는 대목이라고 할 수 있다. 그러나 과연 반복드릴 문제가 연습문제로 적당한지 아닌지에 대해서는 금후 심도 있는 검토가 필요하다고 생각된다.

6.1.1.2 대입드릴/치환드릴

대입드릴/치환드릴을 연습문제로 채택하고 있는 교과서로 KB(1), YN(1), YN(2)를 들 수 있다. 구체적인 예는 다음과 같다.

먼저 KB(1)인데, 다음의 예문처럼 보기를 보여주고, 「~から~まで」가 사용되는 상황을 인식시킨 후, 그것과 유사한 방식으로 「~から~まで」가 들어간 문장을 대입하도록 하고 있다.

(1)

郵便局、AM9:00 ~ PM4:00
→ 郵便局は午前9時から午後4時までです。

スーパー、AM 10:00 ~ PM 8:30
→ _____。 (1:p.36)

그 다음으로 YN(1)의 경우를 보도록 하자. 예문 (1)에서 보듯,「これ, 本」을 제각기 넣은 의문문과 긍정문을 예시하고, 이것을 다시「これ, ペン」으로 치환하도록 하고 있다.

(2) これ、本　→　これは何ですか。　本です。

　　(이것, 책 → 이것은 무엇입니까? 책입니다)

　　これ、車の本　→　これは何の本ですか。車の本です。

　　(이것, 자동차 책 → 이것은 무슨 책입니까? 자동차(에 관한) 책 입니다)

　　これ、ペン→ _____ 。 (1:p.55)

다음의 YN(2)에서도 동일한 설명이 가능하다.

(3) ノート→　ノートをください。

　　ボールペン

　　→ _____ 。 (2:p.56)

이상 각 대학 교과서에 나타난 대입드릴/치환드릴을 수치로 제시하면 다음과 같다.

표26　대입드릴/치환드릴

학교 단원	KM		KB		YN	
	1	2	1	2	1	2
1	0	0	0	0	**15**	**10**
2	0	0	0	0	**20**	**5**
3	0	0	**6**	0	**12**	0
4	0	0	**8**	0	**5**	0
5	0	0	**4**	0	**10**	0
6	0	0	0	0	**0**	0
7	0	0	0	0	**0**	0
8	0	0	0	0	**16**	**30**
9	0	0	0	0	**16**	**5**
10	0	0	0	0	**10**	0
11	0	0	0	0	**8**	0
12	0	0	**3**	0	**5**	0

13	0	0	**4**	0	-	0
14	0	0	**7**	0	-	0
15	0	0	-	-	-	0
합계	0	0	**32**	0	**117**	**50**

KM(1)과 KM(2) 그리고 KB(2)에서는 대입드릴/치환드릴이 한 개도 채택되어 있지 않다. 반면에 KB(1)과 YN(1)(2)에서는 대입드릴/치환드릴이 많이 채택되어 있으며, 그 중에서도 특히 YN(1)에서 대입드릴/치환드릴이 가장 많이 채택되어 있음을 확인할 수 있다.

6.1.1.3 변형드릴

한편 변형드릴은 KM(1)(2), KB(1)(2), YN(1)(2)에서 다양하게 채택되어 있다. KM(1)의 경우, 다음의 예문에서 보듯, 예시 문제의 밑줄 친 부분에서 위의 긍정문의 술어를 변형하도록 하고 있다.

(4)

> キムさんはまじめです。
> → キムさんはまじめな学生です。

たなかさんはしんせつです。
→ たなかさんは＿＿＿＿＿＿ひとです。(1:p.51)

KM(2)에 대해서도 동일한 설명이 가능하다.

(5)

> 本を読む。
> → 本を読めばわかります。

地図を見る。
→ ＿＿＿＿＿＿＿＿＿＿＿＿＿＿＿＿＿。(2:p.109)

KB(1)에서도 다음의 예문에서 보듯, 긍정문을 부정문으로 변형하도록 하는 문제가 채택되어 있음을 확인할 수 있다.

(6)

> このコーヒーはおいしいです。
>
> → このコーヒーはおいしくないです。

あのホテルはきれいです。

→ _____。 (1:p.66)

KB(2)에 대해서도 동일한 설명이 가능하다.

(7)

> 手紙を書きます。
>
> → 手紙を書いてください。

遊びにきます。

→ _____。 (2:p.103)

YN(1)에서도 형용사 술어문을 부정문으로 변형하도록 하는 문제가 채택되어져 있음을 알 수 있다.

(8) 今日は暑い → 今日はあまり暑くありません/ないです。

　　(오늘은 덥다 → 오늘은 그다지 덥지 않습니다.)

　　そのお菓子はおいしい → _____。 (1:p.82)

YN(2)에 대해서도 동일한 설명이 가능하다.

(9) 飲む → 飲める → 飲めます

　　泳ぐ

　　→ _____。 (2:p.116)

이상, 각 대학 교과서의 연습문제에서 채택된 변형드릴을 수치로 제시하면 다음의 표와 같다.

表27　변형드릴

학교 단원	KM		KB		YN	
	1	2	1	2	1	2
1	0	20	0	18	0	25
2	0	20	0	4	0	15
3	0	5	0	0	0	11
4	0	25	0	7	0	23
5	0	15	0	13	0	35
6	15	15	0	5	9	15
7	10	10	0	29	18	5
8	0	25	0	0	0	0
9	0	20	4	0	0	27
10	15	15	0	0	15	28
11	20	15	0	0	10	26
12	5	10	0	5	10	10
13	20	15	0	4	-	25
14	15	10	0	4	-	35
15	15	15	-	-	-	0
합계	115	235	4	89	62	280

위의 수치를 보면 각 대학 교과서 집필자들이 변형드릴을 연습문제에서 매우 중요한 요소로 인식하고 있음을 알 수 있다. YN(2)에서 변형드릴이 가장 많이 채택되었으며, 그 다음으로 KM(2)와 KM(1)에서도 변형드릴이 매우 적극적으로 채택되고 있음을 확인할 수 있다. 이에 반해 KB(1)과 KB(2)에서는 변형드릴이 다른 대학 교과서에 비해 소극적으로 채택되고 있음을 확인할 수 있다.

6.1.1.4 결합드릴

결합드릴은 KM(1)(2), KB(1)(2), YN(1)(2)에서 다양하게 채택되어 있었다. 구체적인 예는 다음과 같다.

먼저 KM(1)인데, 다음의 예문에서 보듯, 두 개의 문장을 제시하고 조사「で」를 사용하여 두 개의 문장을 한 가지 문장으로 결합하는 예를 보여주고 있다.

(10)

> たなかさんはきれいです。たなかさんはいいひとです。
>
> → たなかさんはきれいでいいひとです。

キムさんはまじめです。キムさんはやさしいひとです。

　→ キムさんは＿＿＿＿＿＿＿＿＿＿＿＿＿＿＿＿。 (1:p.53)

그 다음으로 KM(2)의 경우이다. 다음의 예문 (12)에서 보듯, 「なので」를 사용하여 한 가지 문장으로 결합시키는 문제를 제시하고 있다.

(11)

> あした試験です。今勉強しています。
>
> → あしたは試験なので、今勉強しています。

今日は祝日です。会社へ行きません。

　→ ＿＿＿＿＿＿＿＿＿＿＿＿＿＿＿＿＿＿＿。 (2:p.34)

KB(1)의 경우는 イ형용사의 결합드릴 문제를 제시하고 있다.

(12)

> このボールペンは細いです。軽いです。
>
> このボールペンは細くて軽いです。

あの花は白いです。きれいです。

　→ ＿＿＿＿＿＿＿＿＿＿＿＿＿＿＿＿＿＿＿。 (1:p.67)

KB(2)에서는 ます형을 원형으로 바꾼 다음 「前に」를 덧붙여 하나의 문장을 조합시키는 문제를 제시하고 있다.

(13)

> 寝ます、電気を消します。
>
> → 寝る前に、電気を消します。

部屋に入ります、ドアをノックしてください。

→ _____。(2:p.128)

YN(1)에서는 「~が」를 사용하여 역접을 이용한 결합드릴에 관한 문제를 제시하고 있다.

(14) 春は好きだ・秋は嫌いだ → 春は好きですが、秋は嫌いです。

(봄은 좋아한다, 가을은 싫어한다 → 봄은 좋아하지만 가을은 싫어합니다)

韓国料理は辛い・おいしい → _____。(1:p.104)

YN(2)에서는 3가지 문장을 제시하고 「~て」형을 이용하여 한 가지 문장으로 결합시키는 문제를 제시하고 있다.

(15) 本を読む・手紙を書く・寝る

→ 本を読んで、手紙を書いて、寝ます。

朝7時に起きる・朝ごはんを食べる・会社に行く

→ _____。(2:p.64)

이상 각 대학 교과서에서 채택된 결합드릴을 수치로 제시하면 다음과 같다.

표28 결합드릴

학교 단원	KM		KB		YN	
	1	2	1	2	1	2
1	0	0	0	0	0	5
2	0	5	0	0	0	0
3	0	15	0	8	0	5
4	0	0	0	0	0	13
5	0	0	0	4	0	0
6	0	0	0	0	0	0
7	5	5	0	0	0	10
8	0	0	0	8	4	0
9	0	0	7	8	0	0
10	5	0	3	10	0	0

11	0	**5**	0	0	0	**5**
12	0	0	0	0	0	**5**
13	0	0	0	0	-	**0**
14	0	0	0	0	-	**0**
15	**10**	**5**	-	-	-	**15**
합계	**20**	**35**	**10**	**38**	**4**	**58**

[표28]을 보면 3개 대학 모두 결합드릴을 채택하고 있다는 것을 확인할 수 있다. 그 가운데에서도 YN(2)가 가장 높은 수치를 보였으며, 같은 대학인 YN(1)에서는 가장 낮은 수치를 나타냈다.

6.1.1.5 확장드릴

확장드릴은 KM(1)(2)를 제외한 모든 대학에서 채택되어 있다.

먼저 KB(1)의 경우 「電話をかけます。」라는 문장을 제시한 다음 「1週間, 3回」 두 단어를 사용하여 문장을 확장시키는 문제를 제시하고 있다.

(16)

> 電話をかけます。(1週間、3回)
> → 1週間に3回電話をかけます。

海外旅行をします。(1年、1回)

→ _____。(1:p.87)

KB(2)의 경우 사람의 姓과 하나의 문장을 제시하여 확장시키는 문제를 제시하고 있다.

(17)

> 朴 :きのうは忙しかったです。
> → 朴さんは、きのうは忙しかったと言いました。

山田 : 頭が痛いです。

→ _____。(2:p.144)

YN(1)의 경우 두 가지 문장을 제시하고 하나의 문장으로 확장시키는 문제를 제시하고 있다.

(18) これは本です(面白いです) → これは面白い本です。

(이것은 책입니다(재미있습니다) → 이것은 재미있는 책입니다)

これは辞書です(高いです) → ＿＿＿＿＿＿＿＿＿＿＿＿＿＿＿。(1:p.82)

YN(2)도 KB(2)와 동일한 설명이 가능하다.

(19) 朴さん・ピアノを弾く

→ 朴さんは、ピアノを弾くことができます。

佐藤さん・自転車に乗る。

→ ＿＿＿＿＿＿＿＿＿＿＿＿＿＿＿。(2:p.118)

이상, 각 대학 교과서의 연습문제에서 채택된 확장드릴을 수치로 제시하면 다음과 같다

표29 확장드릴

학교 / 단원	KM		KB		YN	
	1	2	1	2	1	2
1	0	0	0	0	0	0
2	0	0	0	0	0	0
3	0	0	0	0	0	0
4	0	0	0	0	0	0
5	0	0	0	0	0	0
6	0	0	0	0	9	10
7	0	0	0	4	0	0
8	0	0	0	0	0	15
9	0	0	0	0	0	25
10	0	0	0	0	0	10
11	0	0	0	0	0	10
12	0	0	3	0	0	0
13	0	0	0	0	-	0
14	0	0	0	0	-	10
15	0	0	-	-	-	0
합계	0	0	3	4	9	80

위의 수치를 보면 KM(1)(2)를 제외한 모든 대학에서 확장드릴을 채택하고 있는 것을 알 수 있다. KB(1)(2)는 확장드릴을 채택은 하고 있지만 그렇게 큰 비중을 차지하지 않고 있으며 YN(2)가 그 채택에 있어 가장 높은 수치를 보이고 있음을 알 수 있다.

6.1.1.6 완성드릴

완성드릴을 채택하고 있는 교과서로 KB(1), KB(2)를 들 수 있다.

먼저 KB(1)인데 「ご飯をたべます。」라는 문장과 「食堂」라는 단어를 제시하여 이 두 개를 치환하여 문장을 완성하도록 문제를 제시하고 있다.

(20)

```
ご飯をたべます、食堂。
→ 食堂でご飯を食べます。
```

お酒を飲みます、居酒屋

→ _____。 (1:p.54)

KB(2)에서는 「熱がありますから」라는 전제조건을 제시하고 「～方がいい」라는 표현을 사용하여 문장을 완성시키도록 제시하고 있다.

(21)

```
熱がありますから、薬を(飲みます)
→ 熱がありますから、薬を飲んだ方がいいです。
  熱がありますから、おふろに(入りません)。
→ 熱がありますから、おふろに入らない方がいいです。
```

汚れていますから、洗濯を(します)

→ _____。 (2:p134)

이상 각 대학 교과서에 나타난 완성드릴을 수치로 제시하면 다음과 같다.

표30 완성드릴

단원＼학교	KM		KB		YN	
	1	2	1	2	1	2
1	0	0	3	0	0	0
2	0	0	0	4	0	0
3	0	0	0	0	0	0
4	0	0	0	4	0	0
5	0	0	3	0	0	0
6	0	0	3	0	0	0
7	0	0	4	4	0	0
8	0	0	0	0	0	0
9	0	0	0	0	0	0
10	0	0	3	0	0	0
11	0	0	0	8	0	0
12	0	0	0	5	0	0
13	0	0	4	0	-	0
14	0	0	4	4	-	0
15	0	0	-	-	-	0
합계	0	0	24	29	0	0

위의 표에서 보면 KB(1)(2)를 제외한 대학 교과서에는 완성드릴을 사용하지 않고 있다는 것을 알 수 있다. 완성드릴은 조금 난이도가 있는 문제일 수도 있기 때문에 대부분의 대학에서 채택하지 않고 있을 것이라는 예상을 할 수가 있었다.

6.1.1.7 문답드릴

문답드릴을 채택하고 있는 교과서로 KM(1), KB(1)(2), YN(2)를 들 수 있다.

먼저 KM(1)의 경우 「何をしていますか。」라는 문장에 「パン」이라는 조건 단어를 첫 머리에 제시하여 자연스럽게 「パンを食べる」라는 답이 나오게끔 문제를 제시하고 있었다.

(22)

A : 何をしていますか。 B : パンを食べています。

A : 何をしていますか。

B : 本を_____。 (1:p99)

KB(1)의 경우 'カナダ'라는 단어를 제시하여 물음에 답을 할 수 있도록 문제를 제시하고 있다.

(23)

> どこへ行きたいですか。(カナダ)
> → カナダへ行きたいです。

だれに会いたいですか。(田中さん)

→ _____。 (1:p.98)

KB(2)의 경우 「いいえ」라는 부정형 대답을 제시함으로써 그에 해당하는 답을 할 수 있도록 문제를 제시하고 있다.

(24)

> 毎日バイトをしなければなりませんか。(いいえ)
> → いいえ、しなくてもいいです。

教室で日本語を話さなければなりませんか。(いいえ)

→ _____。 (2:p.123)

YN(2)의 경우 권유의 표현을 사용하여 그에 대응하는 거절의 표현 형식으로 문답할 수 있는 문제를 제시하고 있다.

(25) お酒を飲む・レポートを書く。

→ A : お酒を飲みにいきませんか。

B : すみません。今、レポートを書いています。

遊ぶ・あしたの予習をする。

→ A : _____。

B : _____。 (2:p.100)

이상 각 대학 교과서에 나타난 문답드릴을 수치로 제시하면 다음과 같다.

표31 문답드릴

단원 \ 학교	KM		KB		YN	
	1	2	1	2	1	2
1	0	0	3	0	0	0
2	0	0	0	4	0	0
3	0	0	0	0	0	0
4	0	0	0	4	0	0
5	0	0	3	0	0	0
6	0	0	3	0	0	0
7	0	0	4	4	0	5
8	0	0	0	0	0	0
9	0	0	0	0	0	0
10	0	0	3	0	0	0
11	0	0	0	8	0	0
12	11	0	0	5	0	5
13	0	0	4	0	-	0
14	0	0	4	4	-	0
15	0	0	-	-	-	0
합계	11	0	24	29	0	10

위의 표에서 보면 KB(1)(2)의 경우 문답드릴을 골고루 채택하고 있다는 점을 발견할 수 있으며, KM의 경우 KM(1)의 경우에는 문답드릴을 채택하고 있지만 KM(2)의 경우 전혀 채택하고 있지 않음을 확인할 수 있었다. YN(1)(2)의 경우는 KM(1)(2)와 완전히 반대로 문답드릴을 채택하고 있음을 확인할 수 있었다.

6.1.2 적절하게 말하기 / 쓰기

의미연습, 기계연습, 소회화연습, 인포메이션 갭 연습은 3개 대학 교과서에서 모두 채택되지 않았음을 확인할 수 있었다.

6.2 요약

각 대학별 연습문제에 사용된 드릴 유형을 살펴보면 다음과 같다.

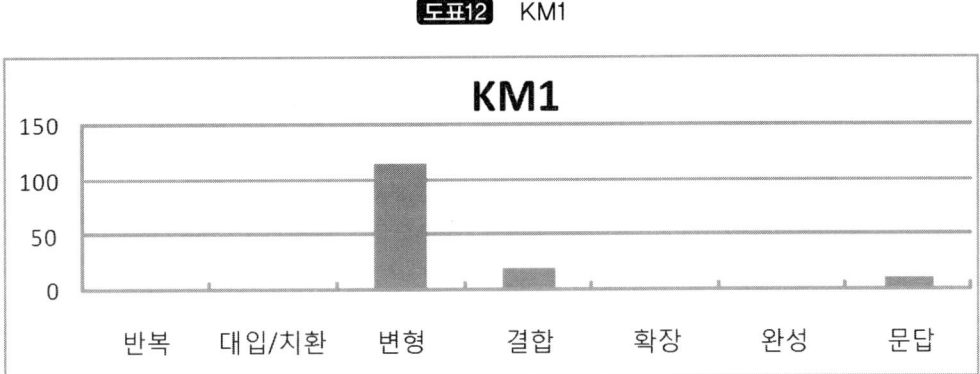

도표12 KM1

KM(1)의 경우 변형드릴을 가장 많이 채택함을 알 수 있었다. 이는 주어진 문장의 일부 또는 전체 구조를 바꾸는 변형드릴에 대한 KM(1) 집필자의 신념을 들여다 볼 수 있는 대목이다.

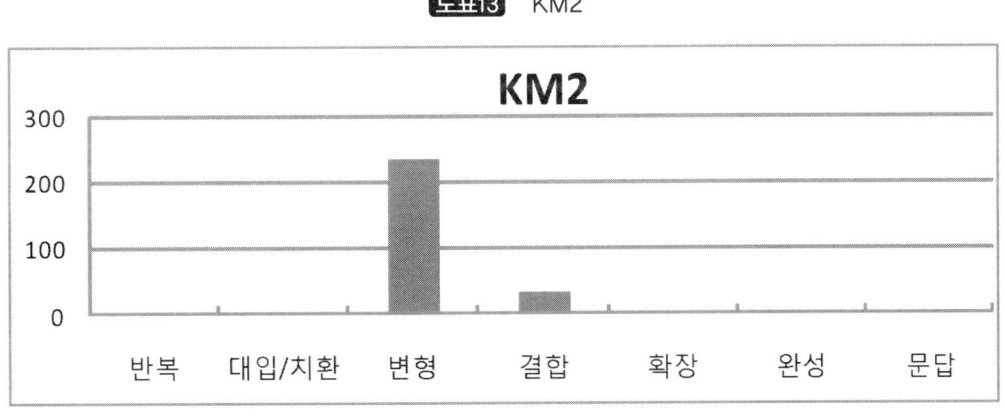

도표13 KM2

KM(2) 교과서 역시 변형드릴의 채택에 있어 그 수치가 가장 높았고 나머지 유형으로는 결합드릴을 유일하게 채택하고 있었다. KM(1)의 경우 문답드릴도 채택하고 있었으나 KM(2)의 경우는 전혀 채택하지 않고 있는 것이 특징이었다.

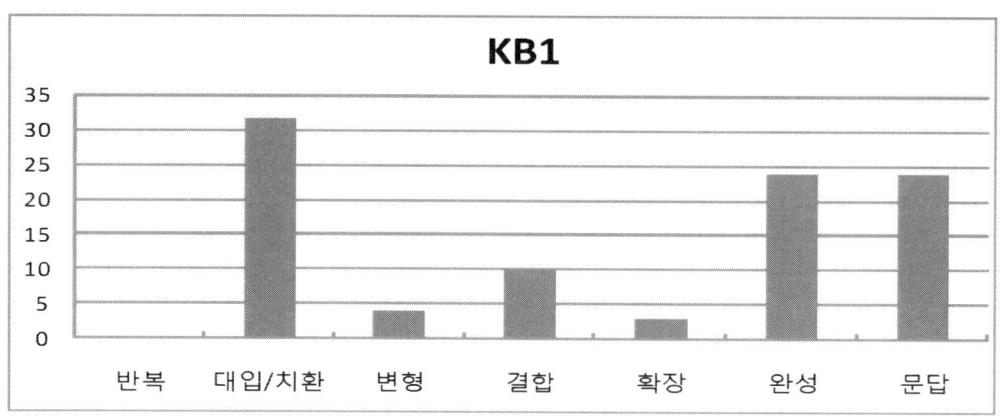

도표14 KB1

KB(1)의 경우 반복, 패턴/기계연습을 제외한 모든 부분의 드릴의 채택을 확인할 수 있었는데 특히 대입/치환드릴의 경우 가장 높은 활용을 확인할 수 있었다. 또 눈에 띄는 것은 완성드릴과 문답드릴이었다. 완성드릴의 경우 초급일본어에 사용되기에는 난이도가 조금 높다고 할 수 있으나, 학습자가 총체적 사고를 하는 데에 도움이 될 것으로 판단되었다. 문답드릴의 경우 의사소통 능력에 중점을 두어 채택하였을 것이라는 추측을 할 수 있었다.

도표15 KB2

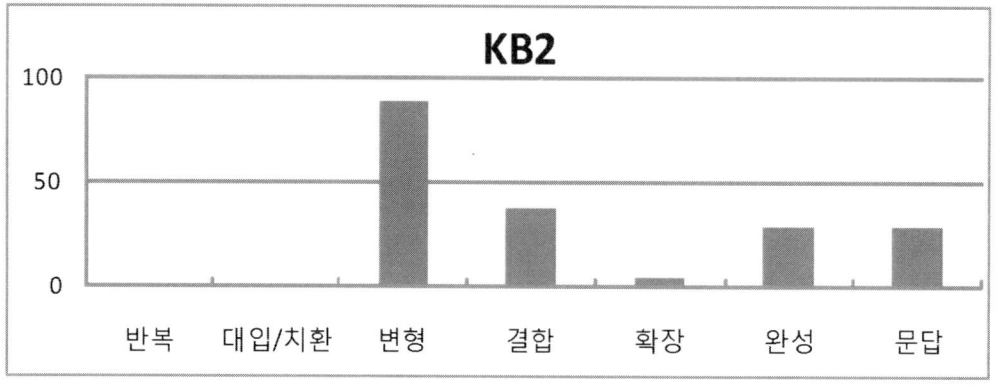

KB(2)의 경우 앞의 교과서와 마찬가지로 변형드릴의 채택이 가장 높았고 그 다음으로는 결합, 완성, 문답, 확장드릴을 채택하고 있었다. 한 가지 특징적인 것은 KB(1)이 대입드릴/치환드릴의 채택이 많았던 반면, KB(2)의 경우는 대입드릴/치환드릴을 전혀 채택하지 않았다는 것이다.

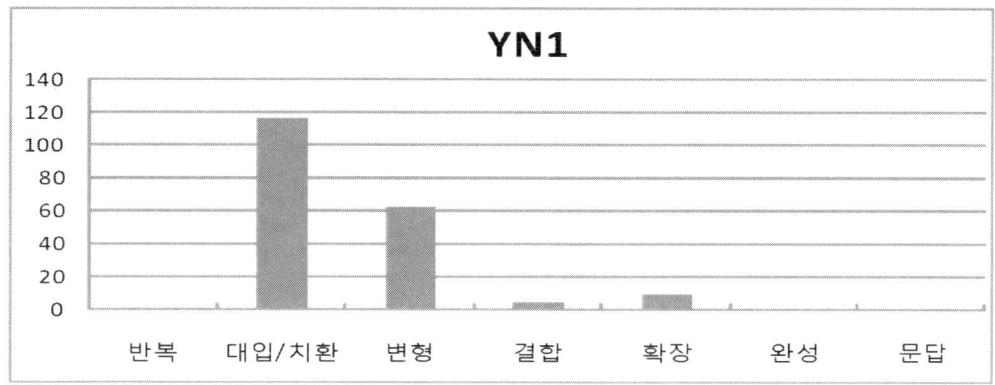

YN(1)의 경우 다른 드릴에 비해 대입드릴/치환드릴의 사용이 가장 높았고 그 다음으로 변형드릴, 확장드릴, 결합드릴이 각각 그 뒤를 이었다. 완성드릴과 문답드릴은 전혀 채택하지 않았던 것으로 보아 학습자의 총체적 사고보다 단순 문법적 사고능력의 신장을 꾀한 것으로 판단된다.

도표17 YN2

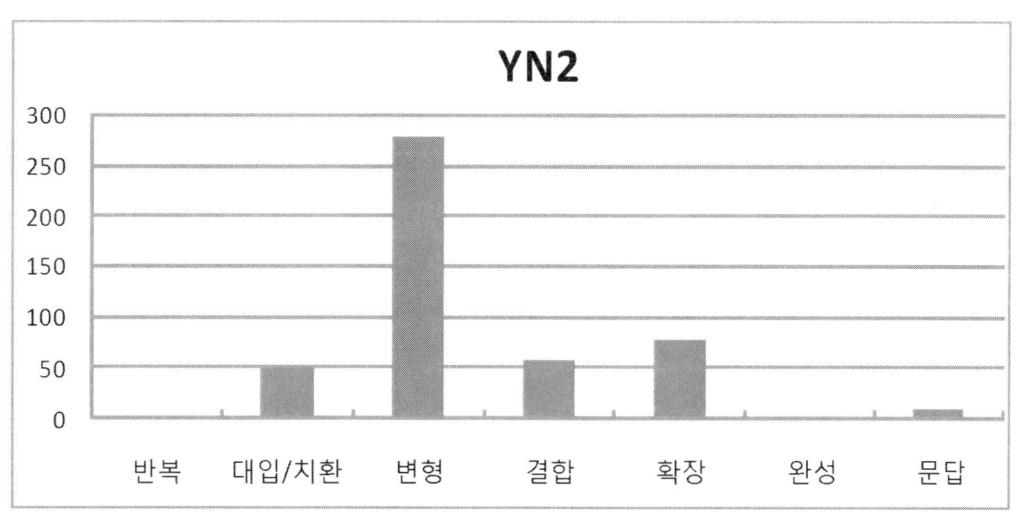

YN(2)의 경우 YN(1)에서 대입드릴/치환드릴의 채택이 높았던 것에 비해 변형드릴의 채택이 대입드릴/치환드릴보다 높은 점이 특징이었다. 이는 YN(1) 교과서와 대입드릴/치환드릴, 변형드릴의 채택 양상이 완전히 정반대임을 알 수 있었다. 또 특징적인 것으로 YN(1)에서는 문답드릴을 전혀 채택하지 않았던 것에 반해 YN(2)에서는 문답드릴을 어느 정도 채택하고 있다는 것이다.

일본어 교재론

제7장

대학 초급일본어 교과서의 연습문제에 나타난 언어 조작 문형연습

본장에서는 연습문제에 나타난 언어 조작 문형연습에 관한 사항을 살펴보도록 하겠다.

연습문제에서 문형연습의 중요성이 매우 크다는 것은 부정할 수 없는 사실이다. 또 이런 문형연습을 통하여 학습자들은 해당 언어의 문법 체계를 학습할 수 있고 언어를 공부하는 데 있어서 가장 든든한 밑받침이 될 것이다. 따라서 제7장에서는 각 대학 초급일본어 교과서에서 사용된 문형연습의 종류와 특징을 분석해 보고 문형연습이 가지는 의의에 대해서 알아보도록 하겠다.

일본어 교재론

7.1 연습문제에 나타난 언어 조작 관련 문형연습 분석

이절에서는 KM(1)(2), KB(1)(2), YN(1)(2)에서 대입연습(단순대입, 복식대입, 다각적 대입), 변형연습, 응답연습, 확대연습, 커뮤니케이션을 위한 창조적 연습 – 자유선택연습이 어떻게 채택되고 있는지를 구체적인 수치를 들어가며 고찰하고자 한다.

7.1.1 대입연습

대입연습에는 다시 단순대입, 복식대입, 다각적 대입으로 나뉘어지는데, 이절에서는 각각의 대입 유형을 KM(1)(2), KB(1)(2), YN(1)(2) 교과서의 연습문제를 통해서 살펴보고자 한다.

7.1.1.1 단순대입

먼저 단순대입부터 보도록 하자. 아래의 문장은 YN(1)과 (2)에서 채택된 단순대입 문제를 예시한 것이다.

YN(1)에서는 「ミラー」라는 이름을 주고 그대로 대입시켜 문장을 완성시키는 형태를 나타내고 있다.

(1) だれのですか。(ミラー) → ミラーさんのです。

(누구 것입니까? (밀러) → 밀러 씨 것입니다)

だれのですか。(金) → ＿＿＿＿＿＿＿＿＿＿＿。(1:p.49)

YN(2)도 위와 마찬가지로「ノート」라는 단어를 주고 그대로 대입시키는 형식을 취하고 있다.

(2) ノート→ノートをください。

ボールペン

→ ＿＿＿＿＿＿＿＿＿＿＿＿＿＿＿＿＿＿＿ (2:p.56)

이상 YN(1)(2)에서 채택된 단순대입 문제를 살펴보았는데, 실제로 아래의 **표32** 에서 보듯, KM(1)(2), KB(1)(2), YN(1)(2)의 교과서에 채택된(채택되지 않은) 단순대입 문제는 특정 대학의 교과서에 편중되어있는 것을 알 수 있다.

표32 단순대입

	KM		KB		YN	
	1	2	1	2	1	2
1	0	0	0	0	5	0
2	0	0	0	0	0	5
3	0	0	0	0	12	10
4	0	0	0	0	10	0
5	0	0	0	0	10	0
6	0	0	0	0	0	0
7	0	0	0	0	0	0
8	0	0	0	0	0	0
9	0	0	0	0	0	0
10	0	0	0	0	5	0
11	0	0	0	0	10	0
12	0	0	0	0	5	0
13	0	0	0	0	-	0
14	0	0	0	0	-	0
15	0	0	-	-	-	0
합계	0	0	0	0	57	15

YN(1)(2)를 제외하고 나머지 대학 교과서에서는 단순대입 문제를 하나도 채택하고 있지 않다. 단순대입이 주는 문제의 단순함이 실제 학습자들의 일본어 실력 향상에 유용하지 않을 것이라는 신념이 작용한 데서 비롯된 것인지(반대로 YN(1)(2)에서는 그렇지 않다는 신념이 작용한 데에서 비롯된 것인지)는 모르지만, 단순대입 문제가 특정 대학 교과서에만 편중되어 있다는 것은 흥미로운 사실이라고 생각된다.

7.1.1.2 복식대입

복식대입은 KM(1)(2)를 제외한 KB(1), YN(1)(2)에서 채택하고 있었다.

KB(1)에서는 「教室」와 「あそこ」라는 단어를 제시하고 각각의 단어를 대입하여 문답할 수 있게끔 형식을 취하고 있었다.

(3) 教室、あそこ

    A : 教室はどこですか。

    B : あそこです。

    トイレ、三階

    A : _____。

    B : _____。 (1:p.31)

YN(1)에서는 「田中, 大学, 先生」라는 단어를 제시하여 한 가지 문장이 성립될 수 있도록 나타내고 있었다.

(4) 田中/大学/先生 → 田中さんは大学の先生です。

    ミラー/YY現行/銀行員 → _____。 (1:p.49)

YN(2)에서도 위와 마찬가지의 형식을 취하고 있다.

(5) 私・田中さん・ボールペン

    → 私は、田中さんにボールペンをあげました。

    私・金さん・花束

    → _____ (2:p.107)

이상 각 대학 교과서에서 복식대입에 관련된 내용을 살펴보았는데 KM(1)(2)에서는 복식대입을 전혀 채택하고 있지 않았다. KM(1)(2)에서 단순대입에 이어 복식대입까지 전혀 채택하고 있지 않은 반면, YN(1)(2)는 단순대입에 이어 복식대입까지도 적극적으로 채택하고 있기 때문에 이는 매우 흥미로운 사실이라 할 수 있었다. 이를 표로 제시하면 다음과 같다.

표33 복식대입

	KM		KB		YN	
	1	2	1	2	1	2
1	0	0	0	0	9	0
2	0	0	3	0	20	0
3	0	0	6	0	0	5
4	0	0	8	0	0	0
5	0	0	4	0	0	0
6	0	0	0	0	0	0
7	0	0	0	0	0	0
8	0	0	0	0	16	30
9	0	0	0	0	16	5
10	0	0	0	0	0	0
11	0	0	0	0	0	0
12	0	0	0	0	5	0
13	0	0	4	0	-	0
14	0	0	0	0	-	0
15	0	0	-	-	-	0
합계	0	0	25	0	66	40

7.1.1.3 다각적 대입

다각적 대입은 그 난이도가 복잡한 만큼 KM(1)(2), KB(1)(2), YN(1)(2) 모두 다 채택하고 있지 않았다.

표34 다각적 대입

	KM		KB		YN	
	1	2	1	2	1	2
1	0	0	0	0	0	0

2	0	0	0	0	0	0
3	0	0	0	0	0	0
4	0	0	0	0	0	0
5	0	0	0	0	0	0
6	0	0	0	0	0	0
7	0	0	0	0	0	0
8	0	0	0	0	0	0
9	0	0	0	0	0	0
10	0	0	0	0	0	0
11	0	0	0	0	0	0
12	0	0	0	0	0	0
13	0	0	0	0	-	0
14	0	0	0	0	-	0
15	0	0	-	-	-	0
합계	0	0	0	0	0	0

7.1.2 변형연습

변형연습의 경우 KM(1)(2), KB(1)(2), YN(1)(2) 모두 채택하고 있었다.

먼저 KM(1)의 경우 형용동사의 활용법을 사용한 학습 내용이 채택되고 있었다.

(6)

> キムさんはまじめです。
> → キムさんはまじめな学生です。

たなかさんはしんせつです。

　→ たなかさんは_____ひとです。(1:p.51)

KM(2)의 경우 가능형을 사용한 학습 내용이 채택되고 있었다.

(7)

> 納豆を食べる。
> → 私は納豆が食べられません。

ハングルを書く。

→ 私は_____。(2: p.43)

KB(1)의 경우 イ형용사의 부정형을 사용한 학습 내용을 채택하고 있었다.

(8)

> このコーヒーはおいしいです。
> → このコーヒーはおいしくないです。

あのホテルはきれいです。

→_____(1:p.66)

KB(2)의 경우 「~てください」 용법을 사용한 학습 내용을 채택하고 있었다.

(9)

> 手紙を書きます。
> → 手紙を書いてください。

遊びにきます。

→_____(2:p.103)

YN(1)의 경우 과거형을 사용한 학습 내용을 채택하고 있었다.

(10) 彼女はとてもきれいだ → 彼女はとてもきれいでした。

(그녀는 매우 이름답디 ˃ 그녀는 매우 아름다웠습니다)

私は丈夫だ →_____。(1:p.95)

YN(2)의 경우 순서대로 「동사형 - て형 - ください용법」을 채택하고 있었다.

(11) 見る → 見て → 見てください。

聞く

→ _____(2:p.57)

이상, KM(1)(2), KB(1)(2), YN(1)(2)에서 채택된 변형연습 문항을 수치로 나타내면 다음과 같다.

표35 변형연습

		변형연습	합계
KM	1	55	210
	2	155	
KB	1	11	121
	2	110	
YN	1	66	366
	2	300	

변형연습의 경우 여러 가지 동사의 활용이나 문형연습이 가능하기 때문에 어느 대학 교과서 할 것 없이 높은 빈도로 채택되고 있음을 확인할 수 있었다.

7.1.3 응답연습

응답연습의 경우 KM(2)와 YN(1)을 제외한 교과서에 사용되고 있었다.

먼저 KM(2)에서는 「パン」이라는 단어를 제시하여, 「何をしていますか。」라는 질문에 대답할 수 있도록 응답연습이 채택되어 있었다.

(12)

> A : 何をしていますか。
> B : パンを食べています。

A : 何をしていますか。

B : 本を _____ (2:p.99)

KB(1)에서는 「いいえ」를 제시하여 부정형의 답을 할 수 있게 응답연습이 채택되어 있었다.

(13)

> A : 何を買いましたか。
>
> B : プレゼントを買いました。

A:今朝、6時に起きましたか。

B:いいえ、＿＿＿＿＿＿＿＿＿＿＿＿＿＿ (1:p.42)

KB(2)에서는「カナダ」라는 단어를 제시하여 그에 해당하는 답을 할 수 있도록 응답연습이 채택되어 있었다.

(14)

> どこへ行きたいですか。(カナダ)
>
> → カナダへ行きたいです。

この本を読みます。(はい)

A : ＿＿＿＿＿＿＿＿＿＿＿＿＿＿＿＿

B : ＿＿＿＿＿＿＿＿＿＿＿＿＿ (2:p.109)

YN(2)에서는 각각 긍정형의 대답과 부정형의 대답을 할 수 있는 응답연습이 채택되어 있었다.

(15) 授業は、もう終わりましたか。(○) → はい、もう終わりました。

授業は、もう終わりましたか。(✕) → いいえ、まだ終わっていません。

佐藤さんは、もう来ましたか。(✕)

→＿＿＿＿＿＿＿＿＿＿＿＿＿＿＿＿ (2:p.100)

이상, 각 대학 교과서에서 채택된 응답연습 관련 내용을 살펴보았는데, KM(2)를 제외한 대학에서 응답연습을 골고루 채택하고 있다는 점을 알 수 있었다. 문법보다 회화가 중시되는 트렌드를 따라 각 대학 교과서에서도 기초적인 회화연습이 가능한 연습을 채택하였을 것이라는 유추를 할 수 있었다.

표36　응답연습

			응답연습	합계
KM		1	11	11
		2	0	
KB		1	24	53
		2	29	
YN		1	0	23
		2	23	

7.1.4 확대연습

확대연습의 경우 KB(2)에서만 채택하고 있었다.

KB(2)의 경우「~と言いました」라는 문구를 사용하여 문장을 확대시키는 연습을 채택하고 있었다.

(16)

> 朴 : きのうは忙しかったです。
>
> → 朴さんは、きのうは忙しかったと言いました。

山田 : 頭が痛いです。

→ _____ (2:p.144)

각 대학 교과서별 확대연습에 관한 수치를 나타내면 다음과 같다.

표37　확대연습

			확대연습	합계
KM		1	0	0
		2	0	
KB		1	0	4
		2	4	
YN		1	0	0
		2	0	

7.1.5 커뮤니케이션을 위한 창조적 연습 - 자유선택연습

커뮤니케이션을 위한 창조적 연습에 관한 각 대학 교과서별 관련 내용을 살펴보면 KM(1)(2), KB(1)(2), YN(1)(2) 어느 곳에서도 채택하고 있지 않음을 알 수 있었다. 이는 기초일본어 교과서에서 다루기에는 커뮤니케이션을 위한 창조적 연습의 난이도가 높은 사항이기 때문에 대학 교과서에 채택하는 데에 어려움이 있었을 것으로 생각되었다.

표38 커뮤니케이션을 위한 창조적연습

		커뮤니케이션을 위한 창조적연습	합계
KM	1	0	0
	2	0	
KB	1	0	0
	2	0	
YN	1	0	0
	2	0	

7.2 요약

이상, 위에서 살펴본 내용들을 정리하면 다음 표와 같다.

표39 연습문제에 나타난 문형연습 정리

			대입연습			변형 연습	응답 연습	확대 연습	자유 선택 연습
			단순대입	복식대입	다각적 대입				
대 학 교 과 서	K M	1	0	0	0	55	11	0	0
		2	0	0	0	155	0	0	0
	K P	1	0	25	0	11	24	0	0
		2	0	0	0	110	29	4	0
	Y N	1	57	66	0	66	0	0	0
		2	15	40	0	300	23	0	0
합계			72	131	0	697	87	4	0

대입연습에서는 다각적 대입의 채택은 어느 대학의 교과서에서도 찾아볼 수 없었으며, 단순대입의 경우에는 YN(1)(2)에서만 채택하고 있었으며, 복식대입의 경우에도 KM(1)(2)는 단순대입에 이어 전혀 채택하고 있지 않음을 알 수 있었다. 그 반대로 YN(1)(2)의 경우, 단순대입에 이어 복식대입도 모두 채택하고 있는 점을 확인할 수 있었다. 즉 YN의 교과서의 경우, 대입 훈련의 활용도가 타 대학 교과서에 비해 아주 높았으며, KM의 경우 대입보다는 다른 형태의 학습 훈련의 활용이 높음을 알 수 있었다. 다각적 대입의 경우는 초급일본어 교과서인 만큼 6개의 대학 교과서 모두 채택하고 있지 않음을 알 수 있었다.

또한 변형연습의 경우는 모든 대학 초급일본어 교과서에서 그 채택에 있어 높은 수치를 보였으며 이는 변형연습의 경우 다양한 학습 활용에 용이하게 사용되기 때문인 것으로 생각할 수 있었다. 또한 앞으로 실생활에서의 회화 연습의 중요도가 높아짐으로써 응답연습의 비중도 변형연습의 비중만큼은 높지 않지만 대학 교과서에서 KM(2)와 YN(1)을 제외한 모든 교과에서 채택되고 있었다. 특히 KB(1)(2)의 경우 응답연습의 수치가 다른 타 대학 교과서에 비해 현저하게 높다는 점을 알 수 있었다. 자유선택의 경우도 다각적 대입의 경우와 마찬가지로 초급일본어의 수준에서는 전혀 채택되지 않았다는 점을 확인할 수 있었다.

다음의 그래프를 보도록 하자.

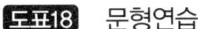

도표18 문형연습

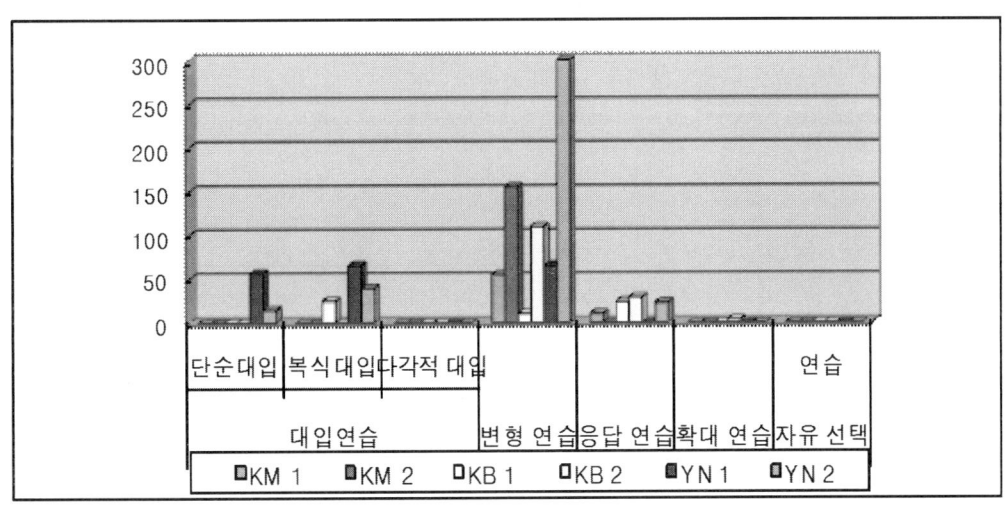

각 대학 초급일본어 교과서별 채택량을 그래프로 나타내어 보았다. 특히 변형연습의 경우, 3개 대학 모두 많은 채택량을 보였지만, 특히 YN(2) 교과서의 경우 압도적인 채택량을 보이고 있었으

며, 변형연습이 많은 만큼 단순대입과 복식대입의 채택량 또한 YN 교과서에서 많은 채택량을 보이고 있었다. 또 응답연습의 경우 심한 편차 없이 비슷한 채택량을 보이고 있음을 알 수 있었다. 초급 일본어 교과서이지만 21세기 교육 흐름을 따라 자유선택연습이나 확대연습, 다각적 대입연습의 채택을 늘려 일본어 학습자들의 의사소통 능력 향상에 중점을 맞춰 학습을 하도록 한다면 실용적인 일본어 학습을 하는 데 도움이 될 것이라 생각되었다.

제8장

대학 초급일본어 교과서에 나타난 문화 내용 고찰

　문화란 그 나라를 대표하는 요소 중 하나이며 해당 국가의 특징을 가장 잘 나타내며 그 나라의 색깔을 강하게 나타내고 있는 분야라고 해도 과언이 아니다. 특히 해당 언어를 학습하는 데 있어서 그 나라의 문화를 잘 이해한다면 언어를 습득하는 데 상당한 도움이 될 것이다.

　위와 같은 이해를 바탕으로 본장에서는 일본의 문화를 '전통문화', '생활문화', '대중문화'로 분류하여 각 대학 초급일본어 교과서에 나타난 각 문화의 특징을 이해하고 분석해 보도록 하겠다.

8.1 대학 초급일본어 교과서에 나타난 문화 내용의 분석

8.1.1 분석의 범위

　본장의 분석 범위는 전통문화, 생활문화, 대중문화까지이며 이들 예를 구체적으로 제시하면 다음과 같다.

표40 각 문화 분류

구분	내용
전통 문화	마쓰리, 스모, 전통연극(노, 카부키, 분라쿠), 전통의상(기모노, 유카타), 다도, 샤미센, 신사, 전통음식(스시, 오코노미야키), 일본정원, 꽃꽂이, 연중행사(오쇼카츠, 히나마쓰리, 다나바타, 오본, 단오, 코이노보리, 오오미소카), 전통가옥(코타츠, 이로리, 다타미), 종이접기 등
생활 문화	식사습관, 화폐, 가옥, 입학, 졸업, 결혼식, 기후(장마, 지진), 전화, 교통(신칸센, 택시, 버스, 자전거, 전철), 주택, 예절(인사, 전화, 식사, 방문), 선물풍습, 교육제도 및 고교생활, 편지봉투 쓰기, 분리수거, 공휴일(축일), 일상생활 의식(혼네, 타테마에), 일본의 주요사항 소개(국토, 인구, 언어, 수명, 일본인 姓), 일본 동요 등
대중 문화	만화, 애니메이션, 영화, 게임, 분재, 스포츠(야구, 축구), 관광지(닛코, 하라주쿠, 신주쿠), 패션, 라면, 에키벤, 하나미, 하나비, 골든위크 등

8.1.2 분석

이절에서는 KM(1)(2), KB(1)(2), YN(1)(2)에 나타난 문화 내용 즉 전통문화, 생활문화, 대중문화를 분석하고자 한다.

8.1.2.1 전통문화

먼저 전통문화인데, 우선 KM(2)의 본문에 일본의 마쓰리가 소개된 것을 확인할 수 있다. 일본에는 마쓰리 문화가 있다는 것, '우에노 공원'이란 곳에 마쓰리 행사가 있다는 사실을 통해 학습자들은 일본 마쓰리의 개념을 간접적으로 이해할 수 있을 것으로 생각된다.

(1) 마쓰리

    じょンスン : そうですね。それじゃ、お祭りでも見に行きましょうか。

    キム   : いいですね。どこでやっていますか。

    ジョンスン : 上野公園でやっているそうですよ。

    キム   : それじゃ、いっしょに行きましょうか。上野公園は大学から近いし。どこ
        で待ち合わせましょうか。(2:p.62)

다음으로 KB(1: p.43)에서는 일본의 연중행사를 다음과 같이 제시하고 있다.

이러한 자료를 통해 학습자들은 한국의 연중행사와 비교를 할 수 있고, 그 결과 일본의 연중행사에 대한 구체적 이해가 가능해질 것으로 생각된다.

(2) 연중행사

    日本の祝日

    (일요일과 겹치는 경우는, 다음날(月曜日)이 휴일이 됩니다.

     이것을 『振り替え休日』라고 합니다)

    1月1日 正月 / 第2月曜日 成人の日

    2月11日 建国記念日

    3月20(21)日 春分の日

    4月19日 みどりの日

    5月3日 憲法記念日 / 4日 国民の祝日 / 5日こどもの日

    7月20日 海の日

    9月 第2月曜日 敬老の日 / 23日 春分の日

10月 第2月曜日 体育の日

11月3日 文化の日 / 23日 勤労感謝の日

12月23日 天皇誕生日　(1:p.43)

또한 KB(2)에서는 일본의 벚꽃에 관련된 다양한 정보를 본문에 담고 있는 것을 볼 수 있다.

(3) 벚꽃

　　桜は日本の国花であり、日本人の死生観の形成に重要な役割をはたしている、特別な花です。一般には、桜の咲く4月に入学、入社があり、結婚式も多く、希望や明るい未来をイメージし、繁栄、榮華をあらわします。

　　しかしこれとは反対に、華やかに咲いたかと思うと跡形もなくすぐに散ってしまうとこから美しさ、儚さを意味し、若くして死んだ人に例えられたり、また、この潔さが武士を象徴し、これが日本人の美意識となりました。

　　老醜をさらして生きることは好まれず、純粋な若い命が散って行く、その象徴としてふさわしい花なのです。また、他の花では行われることのない、「花見」も日本独特の風物詩です。

　　桜の花の下で仲間と酒を飲んだり、食べたり、歌ったりすることが、日本人の何よりの楽しみにもなっています。昼間にする花見もいいですが、夜桜見物もまた、おつなものです。(2:p.170)

위의 본문에서는 '벚꽃'이 일본의 국화라는 것, 일본인의 사생관에 중요한 역할을 한다는 것, 벚꽃과 관련하여 입학, 입사, 결혼식 다채로운 행사가 열린다는 것, 그 결과 벚꽃이 일본인의 미의식이 되었다는 다양한 정보를 제공하고 있다.

그 다음으로 YN(1)과 YN(2)에서는 전통음식 「たこやき」와 「なっとう」를 소개하고 있다.

(4) 전통음식

　　朴　：りえさん、これは何ですか。

　　りえ：これは、たこ焼きです。

　　朴　：「たこ」? ですか?

　　りえ：ええ、足が8つのたこです。(1:p.89)

(5) 전통음식

　　鈴木 ： 日本の食べ物の中では、何が一番好きですか。

　　金　 ： 私はおすしが好きです。この前も、回転寿司でつい食べすぎてしまいました。

　　鈴木 ： じゃ、納豆は食べたことがありますか。

　　金　 ： いいえ。学校の食堂で見たことはありますが、まだ食べたことはないです。

　　鈴木 ： 納豆は、日本の伝統的な食べ物ですから、一回は食べてみたほう がいいと思いま
　　　　　　す。今日のお昼、納豆を食べてみませんか。

　　金　 ： ちょっと心配ですけど、日本のいろいろな食べ物にチャレンジしたいです。食べ
　　　　　　てみます。(2:p.79)

　이상, 각 교과서에서 채택된 일본 전통문화 관련 내용을 살펴보았는데, 이를 구체적으로 제시하면 다음의 표와 같다.

표41 전통문화

	KM		KB		YN	
	1	2	1	2	1	2
1	-	-	-	목욕문화	-	-
2	-	-	-	-	-	-
3	-	-	-	-	-	-
4	-	전통음식	-	-	-	-
5	-	-	연중행사	-	-	전통음식
6	-	-	-	-	-	-
7	-	마쓰리	-	-	전통음식	-
8	-	-	-	-	-	-
9	-	-	-	-	-	-
10	-	-	-	-	-	-
11	-	-	-	벚꽃	-	-
12	-	-	-	-	-	-
13	-	-	-	-	-	-
14	-	-	-	-	-	-
15	-	-	-	-	-	-
합계	0	2	1	2	1	1

8.1.2.2 생활문화

생활문화에서는 일상에서 흔히 찾아볼 수 있고 또 그 사용 빈도가 높은 만큼 KM(1)(2), KB(1)(2), YN(1)(2)에서 골고루 채택하고 있는 점을 발견할 수 있었다.

우선 KM(1)에서는 일본의 특징이라 할 수 있는 지진을 소재로 생활문화를 소개하는 점을 알 수 있었다. 그리고 본문에 지진에 관한 내용을 삽입함으로써 학습자에게 자연스럽게 지진에 관한 특징을 알릴 수 있는 효과도 얻을 수 있었다. 또한 지진이 발생했을 때의 대처 방법도 함께 나와 있어 유익한 정보가 되었다고 생각한다.

(6) 지진

　　キム　：木村さん、日本は地震が多いですね。

　　木村　：そうですね。昔から日本人の怖いものはやはり地震ですね。

　　キム　：地震の時はどうしますか。

　　木村　：家にいる時はまず、ガスを止めてください。

　　　　　　それから、机やテーブルの下に入ってください。(1:p.106)

다음으로 KM(2)에서는 일본의 동요를 게재하여 학습자에게 일본 동요를 알릴 수 있는 계기를 제시하고 있다.

(7) 동요

やおやのおみせ♪

やおやの　おみせにならんだ　しなもの　みてごらん

よくみてごらん　かんがえてごらん　かぼちゃかぼちゃ　あー　　(2:p.15)

KB(1)에서는 생일에 관한 생활문화 소재를 선택하고 있음을 알 수 있었다.

(8) 생일

　　山口　：安さん、きのう何を買いましたか。

　　安　　：友達の誕生日のプレゼントを買いました。

　　山口　：プレゼントは何ですか。

　　安　　：日本のCDを買いました。(1:p.38)

KB(2)에서는 일본의 결혼에 관한 주제가 채택되었는데 한국과 달리 일본의 결혼은 한쪽의 성을 따라가지 않으면 안 된다는 특징을 알리고 있다. 최근 들어 일본에서도 한국처럼 서로 자신의 성을 가진 채로 결혼하고 싶어 하는 사람이 늘어난다는 추세도 같이 기술하고 있다.

(9) 결혼

夫婦別姓? 同姓?

韓国では結婚して姓は変わりませんが、日本では男女どちらかの姓を名乗らなければなりません。ほとんどの場合、女性が男性の名を名乗ります。当然子供も同じ姓になりますので、家族全員姓が同じです。

しかし近年、夫婦別姓を望む人が増えています。その理由としては、単に姓を変えたくない、姓名判断上今の姓のままがいい、一人っ子同士の結婚、職場での不都合(書類変更など面倒な手続き)など人によってさまざまで、特に働く女性(男性)にとっては面倒なのです。

夫婦別姓は国民の50％以上が賛成しているのにもかかわらず、根強い反対論もあり、いまだに法の改正がされていないというのが現状です。(2:p.136)

YN(1)에서는 학교 생활에 관련된 내용을 채택하고 있었다.

(10) 학교 생활

りえ ： 朴さん、日本語学校の授業はいつからですか。

朴　 ： 来週の月曜日からです。

りえ ： 授業は何時から何時までですか。

朴　 ： 月曜日から木曜日までは午前9時から午後3時までです。

　　　　 金曜日は午後1時までです。

りえ ： 土曜日も授業ですか。

朴　 ： いいえ、週末は休みです。(1:p.64)

YN(2)에서는 전화 예절에 관한 내용이 채택되었는데 자기 쪽의 사람은 상대방보다 나이가 많다고 하더라도 겸양 표현을 사용한다는 것을 본문을 통해 알 수 있었다.

(11) 전화

李 ： もしもし、田中先生のお宅でしょうか。

田中： はい、田中でございます。

李 ： 私、留学生の李と申しますが、先生はいらっしゃいますか。

田中： あいにく、主人は外出しておりますが。

李 ： そうですか。何時ごろお帰りになりますか。

田中： 9時ごろには帰るともうしておりましたが。

李 ： ではそのごろもう一度お電話してもよろしいでしょうか。

田中： ええ、かまいませんよ。(2:p.152)

이상, 각 교과서에서 채택된 일본의 생활문화 관련 내용을 살펴보았는데, 이를 구체적으로 제시하면 다음의 표와 같다.

표42 생활문화

	KM		KB		YN	
	1	2	1	2	1	2
1	-	동요	인사	-	인사	-
2	-	-	-	-	-	-
3	-	-	-	-	-	교통
4	인사	-	-	-	학교생활	-
5	-	기후	생일			
6	-	-	교통	결혼	학교생활	-
7	-	-	교통			
8	동요	-	식사습관	교통	-	-
9	-	선물풍습	-	-	-	-
10	-	동요	-	-	-	-
11	교통	-	-	-	-	-
12	식사, 동요	선물풍습	-	-	-	-
13	지진	-	기후	선물풍습	-	-
14	-	-	-	-	-	전화
15	전화	-	-	-	-	전화
합계	6	5	6	3	3	3

8.1.2.3 대중문화

마지막으로 대중문화인데, KB(2)를 제외한 나머지 KM(1)(2), KB(1), YN(1)(2)에서 대중문화를 채택하고 있다는 점을 알 수 있었다.

KM(1)에서는 드라마를 소재로 대중문화를 나타내고 있는데, 특징적인 것은 일본에서 인기를 얻은 한국드라마「冬のソナタ(겨울연가)」를 채택하고 있다는 것이다.

(12) 드라마

　　キム : 木村さん、今、何をしていますか。

　　木村 : ちょうど今、家で「冬のソナタ」を見ています。

　　　　　　春川の雪の景色はほんとうにすばらしいですね。

　　　　　　それに二人のラブストーリもとてもおもしろいです。(1:p.92)

KM(2)에서는 홋카이도에 관한 내용을 다루고 있었다.

(13) 관광지

　　山口 : 冬休みの間どこかへ行きましたか。

　　韓 　 : ええ、北海道へ行ってきました。友だちが招待してくれたんです。

　　山口 : そうですか。北海道の冬は寒いでしょう。

　　韓 　 : ええ、すごく寒かったです。

　　　　　　あ、これは札幌で買ったはがきです。どうぞ。

　　山口 : あ、どうもありがとうございます。

　　　　　　北海道の冬景色ですね。きれいですね。

　　韓 　 : 雪景色もきれいですし、札幌ラーメンやホワイトチョコレートもおいしかった

　　　　　　ですよ。(2:p.113)

KB(1)에서는 일본인들이 즐겨 찾는 가라오케를 다루고 있었다.

(14) 가라오케

　　鈴木 : 全さんはカラオケが好きですか。

　　全 　 : はい、好きです。

鈴木 ： 歌は上手ですか。

全　　： いいえ、上手じゃありません。下手です。(1:p.68)

　YN(1)에서는 하나비를 소재로 하고 있었는데 동경의 「隅田川」의 유명한 불꽃놀이를 제시하여 일본의 하나비에 관해서 학습자들이 자연스럽게 유명한 장소를 학습할 수 있도록 하였다.

(15) 하나비

　　金：週末はどこへ行きましたか。

　　朴：隅田川へ行きました。

　　金：花火大会ですか?私も行きましたよ。(1:p.120)

　YN(2)에서는 「伊豆の踊り子」라고 하는 일본의 영화를 소재로 하여 일본영화에 관한 흥미를 가지도록 유도하였다.

(16) 영화

　　李：佐藤さん、友だちが映画のチケットをくれたんですが、いりませんか。

　　佐藤 ： どんな映画ですか。

　　李　　：「伊豆の踊り子」ですよ。

　　佐藤 ： ああ、それなら小説を読んだことがあります。もらってもいいですか。

　　李　　：はい。たくさんありますよ。(2:p.104)

　이상, 각 교과서에서 채택된 일본의 대중문화 관련 내용을 살펴보았는데, 이를 구체적으로 제시하면 다음의 표와 같다.

표43　대중문화

	KM		KB		YN	
	1	2	1	2	1	2
1	-	관광지	-	-	-	-
2	-	-	-	-	관광지	-
3	-	-	-	-	-	관광지
4	-	-	-	-	-	관광지

5	-	-	-	-	-	-
6	-	-	관광지	-	-	-
7	-	-	-	-	관광지	드라마
8	-	-	-	-	-	영화
9	-	-	-	-	-	관광지
10	-	-	라면, 가라오케	-	-	-
11	-	-	-	-	하나비	-
12	드라마	관광지	-	-	-	-
13	-	-	-	-	-	-
14	패션	-	-	-	-	-
15	-	-	-	-	-	-
합계	2	2	3	0	3	5

8.2 요약

이상 대학 초급일본어 교과서에서 나타난 전통문화, 생활문화, 대중문화를 그래프로 나타내면 다음과 같다.

도표19 문화

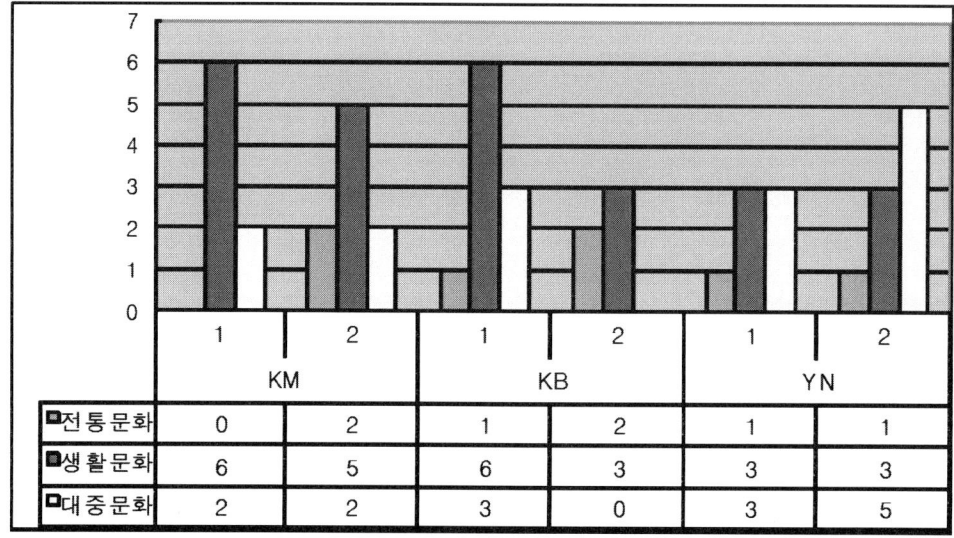

	KM		KB		YN	
	1	2	1	2	1	2
■전통문화	0	2	1	2	1	1
■생활문화	6	5	6	3	3	3
□대중문화	2	2	3	0	3	5

3개 대학 모두 생활문화의 채택량이 가장 많았으며 전통문화의 채택량이 가장 적었다.

YN 교과서의 경우, YN(1) 교과서는 생활문화와 대중문화의 채택량이 동일했고 YN(2) 교과서의 경우 다른 교과서와는 다르게 대중문화의 비율이 더 높음을 확인할 수 있었다.

또 KM(1) 교과서는 전통문화를 전혀 채택하지 않았던 반면, KB(2) 교과서는 대중문화를 전혀 채택하지 않았다는 것이 특징이었다. 전통문화의 경우 일본의 특징을 가장 잘 나타낼 수 있는 문화 요소임에도 불구하고 전통문화의 채택량이 다른 문화 요소의 채택량보다 적은 점이 아쉬웠다. 대중문화의 경우 KM(1) 교과서가 「冬のソナタ(겨울연가)」를 채택한 점은 일본에서의 한류문화의 위상을 말해 주는 좋은 예라고 생각한다. 또 이런 사회현상을 일본어 교과서에 활용한다면 학습자에게 흥미를 심어주고 수업 분위기를 환기하는 데에도 일조할 수 있을 것으로 생각되었다.

일본어 교재론

제9장

결 론

일본어교육에 있어서 일본어 교과서는 학습 내용의 숙지와 의사소통 능력의 신장을 길러주는 중요한 역할을 한다. 나아가서 일본문화를 이해하고 올바르게 수용하는 태도를 길러 국제화 시대에 걸 맞는 안목을 가질 수 있도록 한다는 점에서도 큰 의의가 있다고 생각한다.

이런 점들을 바탕으로 본 연구에서는 4년제 대학 초급일본어 교과서를 3개 대학별로 비교 분석하였다.

제2장에서는 선행 연구에 나타난 교과서 관련 논점을 알아보고 문제점을 살펴보았다.

제3장에서는 본서의 분석을 위한 이론적 배경에 대해서 기술하였다.

제4장에서는 대학 초급일본어 교과서에 나타난 삽화의 유형과 특징을 비교 분석하였다. 교과서 삽화의 경우 목표어의 문화를 정확히 알게 되면 언어를 학습하는 데 있어서 더 큰 효과를 얻을 수 있다. 또 삽화는 배경과 장면이 일관성을 유지하도록 하여야 하는데 교과서에서 가능한 한 모든 삽화를 일본으로 배경을 삼는다면 더 효과적인 수업을 할 수 있을 것이라고 강조하였다. 또 삽화는 학습자에게 관심을 유발하고 상상력을 키우는 데 도움을 주며 추상적인 개념을 구체화 시킬 수 있는 역할을 할 수 있다. 이를 입증하듯 KM(1), KM(2)의 경우 삽화의 만화적 요소의 채택 비율이 다른 학교의 교과서에 비해 월등히 높았고, 추상적 요소 또한 타 대학의 교과서에 비해 더 많이 채택하고 있다는 점을 알 수 있었다. 하지만 그와 반대로 YN(1), YN(2)의 경우는 교과서에 수록된 모든 삽화가 사실적 요소만을 채택하고 있다는 점이 아쉬움으로 남았다. 사실적 측면 이외의 측면을 다양하게 고려한 삽화의 제작을 적극적으로 검토할 필요가 있다고 생각되었다. 또 본문 내용적 측면으로 다시 성별, 직업, 연령, 문화로 분류하였는데 성별의 경우 KM(1), KM(2), KB(1), KB(2), YN(1), YN(2) 모두 적절한 비율로 남녀를 채택하고 있다는 사실을 알 수 있었다. 직업의 경우, 3개 대학 교과서에서는 학생을 채택하는 비율이 높았으며, 그 다음으로 선생님과 점원이 뒤를 이었다. 문화의 경우, 다시 전통문화, 대중문화, 생활문화로 분류하였는데 전통문화에 관련한 삽화를

채택한 경우는 KM(2)와 YN(2)밖에 없었다. 가장 일본스럽다고 할 수 있는, 또 일본을 대표한다고 할 수 있는 전통문화를 좀 더 적극적으로 채택한다면 학습자들이 일본을 이해하는 데에 큰 도움이 될 것이라 생각되었다. 그러므로 앞으로 교과서에 삽화를 수록할 때 좀 더 능동적으로 전통문화 관련 삽화를 채택할 필요가 있다고 생각되었다. 생활문화의 경우 3개 대학 모두 비슷한 수치를 보였으며 대중문화는 KM(1)과 KM(2)가 타 대학에 비해 비교적 높은 채택율을 보이고 있었다.

제5장에서는 교수항목의 경우 최근 일본어교육의 흐름에 따라 표현의 정확성보다는 유창성을 강조하는 경향을 근거로 문법/구조교수항목, 장면교수항목, 화제교수항목, 機能교수항목, 태스크교수항목으로 나누어 각각의 교과서에 나타난 교수항목을 비교 분석해 보았다. 또 문법/구조교수항목은 다시 '명사', '동사', '형용사', '시제', '상', '태', '수수표현', '서법', '조사', '조건', '가정' 등으로 나누어 살펴보았다. 가장 많이 쓰이는 '명사', '동사', '조사'가 들어간 문법/구조교수항목의 경우 KM(1), KM(2), KB(1), KB(2), YN(1), YN(2) 모두 비슷하게 채택하고 있었으며, 시제의 경우 KM(2)와 YN(2)를 제외한 다른 대학의 교과서에서는 전혀 채택하지 않고 있음을 확인할 수 있었다. 장면교수항목은 KM(2)가 타 대학 교과서에 비해서 다양한 장면을 압도적으로 많이 채택하고 있었으나 KB(1)과 KB(2)에서는 구체적인 장면이 설정되지 않는 상황에서의 본문 대화가 많았고 또 특징적인 점으로 KB(1), KB(2) 둘 다 학교라는 장면교수항목만을 채택하고 있어서 다른 타 대학에 비해 많이 단조로운 느낌이 들었다. 좀 더 다양한 장면을 채택한다면 수업 내용도 더 다채로워질 것이라 생각되었다. 화제교수항목에서는 KM(1), KM(2), KB(1), KB(2), YN(1), YN(2) 모두 비슷한 채택량을 보이고 있어서 별 다른 특이사항은 발견되지 않았다. 機能교수항목은 '희망', '제안', '권유', '명령', '조언', '동의', '사과', '추측', '의무', '거절', '의지', '격려', '허가', '부탁', '금지', '의뢰'로 분류하였는데, 특징적인 점으로 KM(1), KB(1), YN(1)이 KM(2), KB(2), YN(2)에 비해 기능교수항목의 채택량이 적은 점을 들 수가 있었다. 이런 현상은 초급일본어(1)이 초급일본어(2)보다 학습의 난이도가 낮은 점이 이유로 생각된다. 초급일본어(1)의 경우, 일본어를 처음 시작하는 단계이기 때문에 여러 가지 상황 설정을 하여 학습자를 가르치기에는 무리가 있을 것으로 판단된다. 어느 정도의 일본어 학습 경력을 지닌 초급일본어(2)의 학습자들이 機能교수항목을 이용하는 데에 있어서 불편함이 적을 것으로 생각된다. 미지막으로 대스크교수항목은 KM(1), KM(2), KB(1), KB(2), YN(1), YN(2) 모두 채택하고 있지 않음을 알 수 있었다.

제6장에서는 연습문제에 어떠한 문제 유형이 각 대학마다 채택되어 있는가에 중점을 맞추어서 살펴보았다. 다시 드릴유형을 반복드릴, 대입/치환드릴, 변형드릴, 결합드릴, 확장드릴, 완성드릴, 문답드릴로 분류하였는데, 흥미롭게도 반복드릴의 경우 가장 초급단계의 학습자에게 필요한 항목임에도 불구하고 3개 대학 모두 전혀 채택하지 않았음을 알 수 있었다. 대입드릴/치환드릴의 경우,

KM(1), KM(2)에서는 전혀 채택하고 있지 않았고, KB의 경우는 KB(1)에서만, YN의 경우 YN(1), YN(2) 모두 채택하고 있음을 알 수 있었다. KM(1), KM(2)의 교과서의 경우 단답형의 연습문제보다 작문 위주의 문제가 많아 대입드릴/치환드릴이 현저하게 적은 특징이 있었으며, YN(1), YN(2)의 경우는 단답형 위주의 연습문제가 많기 때문에 이에 의거하여 대입드릴/치환드릴이 다른 대학에 비해서 현저하게 많이 채택되어 있음을 알 수 있었다. 변형드릴의 경우 KM(1), KM(2)의 채택량이 타 대학에 비해 고른 양상을 보였다. 결합드릴은 YN(2)가 가장 많은 채택량을 보였으나, 동 대학 YN(1)에서 가장 적은 채택량을 보인다는 점이 흥미로웠다. 확장드릴은 KM(1), KM(2)를 제외한 모든 대학 교과서에서 채택하고 있었고 YN(2)가 가장 많은 채택량을 보이고 있었다. 완성드릴의 경우 KB(1), KB(2)에서만 채택하고 있다는 점을 알 수 있었는데 이것은 높은 난이도를 지닌 완성드릴에 대한 KB교과서 집필자의 태도를 말해 주는 것이다. 마지막으로 문답드릴은 YN(1)을 제외한 모든 교과서에서 채택하고 있음을 알 수 있었다. 특히 KB(1), KB(2)의 경우 완성드릴을 골고루 채택하고 있었다.

제7장에서는 언어 조작 관련 문형연습의 분석을 기준으로 대입연습과 변형연습, 응답연습, 확대연습, 커뮤니케이션을 위한 창조적 연습으로 분류하여 살펴보았다. 먼저 대입연습은 다시 단순대입, 복식대입, 다각적 대입으로 나누었는데 단순대입의 경우 YN(1), YN(2)만이 채택하고 있었고 채택량 또한 압도적으로 많았다. 그리고 복식대입을 YN(1)과 YN(2)에서 가장 많이 채택하고 있다는 점을 알 수 있었지만 좀 더 깊은 사고를 요하는 다각적 대입은 각 대학 교과서에서 전혀 채택하고 있지 않다는 것을 알 수 있었다. 다음으로 변형연습에서는 3개 대학 모두 골고루 채택하고 있는 것을 알 수 있었다. 응답연습의 경우, 최근 일본어교육의 흐름으로 문법적 교육보다 커뮤니케이션 교육의 중요성이 대두되면서 각 대학 교과서에서도 KM(2)를 제외한 모든 대학의 교과서에서 응답연습을 채택하고 있음을 알 수 있었다. 그 중에서도 KB(1), KB(2)의 경우 각각 그 채택량이 비슷하며 회화적 요소를 중요하게 생각한다는 점을 알 수 있었다. 또 확대연습의 경우 그 채택량이 현저하게 적었으며 KB(2)만이 겨우 4번의 채택율을 보이고 있었다. 마지막으로 커뮤니케이션을 위한 창조적 연습의 경우는 3개 대학 모두 채택하지 않음을 확인할 수 있었다.

제8장에서는 일본의 문화 내용에 대해 분석하였다. 우선 전통문화에 관련된 내용은 KM(1)을 제외한 나머지 대학 교과서에서 모두 확인할 수 있었다. 대개 본문에서 그 내용을 확인할 수 있었는데 특이하게도 KB(1)과 KB(2)의 경우 별도로 코너를 마련하여 비중 있게 다루고 있음을 확인할 수 있었다. KB(1)에서는 일본의 연중행사에 관련된 내용을, KB(2)에서는 일본을 대표하는 사쿠라(벚꽃)에 관한 내용을 장문의 글로 게재함으로써 학습자들의 이해를 도모하고 있었다. 생활문화에서는 그 특성상 일상생활에서 흔히 찾아볼 수 있고 그 사용 빈도가 높은 만큼 3개 대학 모두 골고루

채택하고 있음을 확인할 수 있었다. 주로 본문에서 생활문화를 찾을 수가 있었는데 KM(1)의 경우 일본의 동요를 게재하여 학습자의 흥미 유발을 꾀한 점이 인상적이었다. KB(2)의 경우도 따로 일본의 결혼에 대한 지식 전달에 힘을 기울이고 있었다. 대중문화의 경우 KB(2)를 제외한 나머지 모든 대학이 채택하고 있음을 알 수 있었다. 특히 KM(1)의 경우 일본에서 유명한 「冬のソナタ(겨울연가)」가 실려 있어 자연스럽게 일본에서의 한국 드라마의 인기를 학습자들이 알 수 있도록 해놓은 것이 특징이었다.

이상 각 장별로 어떠한 특징이 있는지 또 학습자에게 어떠한 교육적 효과를 가져 오는지에 대해서 알아보았다. 이러한 분석 결과를 바탕으로 금후 보완되었으면 하는 점들을 제시하면 다음과 같다. 먼저 삽화의 경우 교과서에서 가능한 한 모든 삽화를 일본을 배경으로 한 것을 채택한다면 더 효과적인 수업을 할 수 있을 것이라는 점이다. 또 마쓰리 같은 일본의 전통문화를 담은 삽화를 컬러로 게재한다면 학습자들이 일본 문화를 이해하고 학습 흥미를 유발시키는 데에 도움이 될 것으로 생각하였다.

또한 교수항목의 경우는 CD나 음성자료를 이용하여 설명한다면 학습자들이 학습하는 데 더욱 효과적일 것이라고 생각되었다. 특히 원어민의 발음이 담긴 음성자료를 사용한다면 학습자들의 일본어 청취 능력에도 매우 도움이 될 것으로 예상되었다.

연습문제의 경우, 각 드릴연습마다 대학별로 큰 차이를 보였는데 특히 초급일본어 교과서인 만큼 연습문제의 종류를 다양하게 한다면 더 큰 학습 효과를 누릴 수 있을 것이라 생각되었다. 문형연습의 경우도 연습문제의 각 드릴연습과 맥락을 같이 한다고 볼 수 있지만, 앞으로 의사소통, 즉 회화의 유창성에 초점이 맞춰지고 있는 외국어교육의 흐름에 따라 반복적이고 단순한 문형연습보다 좀 더 창조적이고 실생활에 유용하게 사용할 수 있는 문형연습을 채택하는 편이 좋을 것이라 생각되었다.

마지막으로 문화의 경우 아쉽게도 전통문화의 비중이 상당히 낮은 점을 확인할 수 있었다. 일본어를 배우는 데 있어서 그 나라의 문화 습득도 중요한 만큼 가장 일본적이고 일본을 잘 설명할 수 있는 전통문화에 관련된 내용을 좀더 비중있게 다루었으면 하는 아쉬움이 있었다.

이상으로 한국 4년제 대학 초급일본어 교과서를 분석해 보았다. 교과서 분석에 관한 연구는 고등학교 일본어 교과서가 대학 일본어 교과서보다 압도적으로 많았기 때문에 선행 연구 등을 비교하는 데 있어서 고등학교와 대학 간의 차이를 두어야 했던 점이 아쉬웠다. 앞으로 본 연구에서 다루지 못한 다른 타 대학 교과서의 분석이 이루어지길 바라며 장차 대학 초급일본어 교과서에 대한 연구가 더욱더 활발히 진행되었으면 한다.

일본어 교재론

제1장

그림교재의 제작과 교실활동

그림교재는 그림을 통해 학습자의 학습목표를 달성하는 것이다. 그림교재는 그 특유의 만화적 특징 때문에 큰 반발없이 즐거운 마음으로 학습자들에게 받아 들여질 수 있다. 만약에 동사나 명사에 대한 설명이 긴 문장으로 이루어진다면, 대부분의 학습자들은 동사나 명사의 설명에 대한 답답함을 호소하거나 주의 집중의 저하를 경험하게 될지도 모른다. 반대로 그림교재를 통해 동사나 명사를 설명하게 되면 이와는 반대의 현상이 일어날 것이다(삽화이긴 하지만, 제1부 3장을 참고할 것). 그림교재의 교육적 효과는 초중고급 학습자 모두에게 나타날 것으로 생각된다. 왜냐하면 학습 경력별로 그림교재의 난이도를 조절하며 수업을 진행할 수 있기 때문이다. 예를 들어 초급 학습자들에게는 기본 동작에 관련된 동사의 개념을 한 장의 그림으로 설명하거나, 중고급 학습자들에게는 수십 장의 그림을 제시하는 것에 의해 일본어 작문이나 발화로 유도해 내면 되기 때문이다.

그런데 문제는 그림교재의 장점을 인정한다고 해도 교사가 그림에 재능이 없거나 관심이 없으면 그림교재를 교실활동에 반영하지 않을 것이며 결과적으로 그림교재의 교육적 효과를 거둘 수 없다는 데에 있다.

이에 본장에서는 그림교재의 제작을 위한 첫단계로 그림 그리는 기본 방법을 소개하고, 필자가 전공 수업(일본어교육론)에서 실제로 학습자들이 그린 그림을 제시하고자 한다. 그림에 관한 기본 교육만 받으면 누구라도 자신이 원하는 느낌대로 그림을 그릴 수 있으며(매우 잘 그린 그림이 아니라도), 자신이 그린 그림이 교실활동에서 어떻게 활용될 수 있는지에 대해서 논의해보고자 한다.

📖 일본어 교재론

1.1 이론적 배경

이절에서는 그림교재의 이론적 배경을 고바야시(小林 1998:112)와 가와구치·요코미조(川口·橫溝 2005: 79‐87)를 참고로 해서 설명하고자 한다.

그림교재란 그림을 통해 학습자의 학습을 촉진하는 것이다. 그림교재는 불필요한 정보를 삭제하고 교사가 학습자로 하여금 주목시키고자 하는 내용을 부각시킬 수 있기 때문에 단순한 동작을 지시하는 자극체로 자주 이용된다.

그림교재를 교실활동에서 사용하고자 할 경우, 교사는 자신이 직접 그림교재를 제작하지 않으면 안 된다. 그러나 그림이 서툰 교사는 그림교재가 지니는 장점을 잘 알면서도 제작을 망설일 수도 있다. 따라서 그림이 서툰 교사는 그림교재 제작을 체념하거나, 혹은 그림을 잘 그릴 수 있도록 훈련을 해서 그림교재를 제작하거나 둘 중의 하나를 선택하지 않으면 안 된다.

그런데 그림교재에 들어가는 그림이라는 것이 그리 어려운 것은 아니다. 기본 요령만 알면 누구라도 그림을 그릴 수 있다. 그림교재에 들어가는 그림의 종류에는 대략 선화(線畵, stick figure)와 약화(略畵)로 나뉘는데, 전자의 선화는 막대기선만으로 칠판 등을 사용하여 손쉽게 그릴 수 있다. 그리고 후자의 약화는 선화보다 약간 손질이 더 가며, 질감도 있어서 만화적이라고 할 수 있다. 그러면 구체적인 예를 들어보도록 하자.

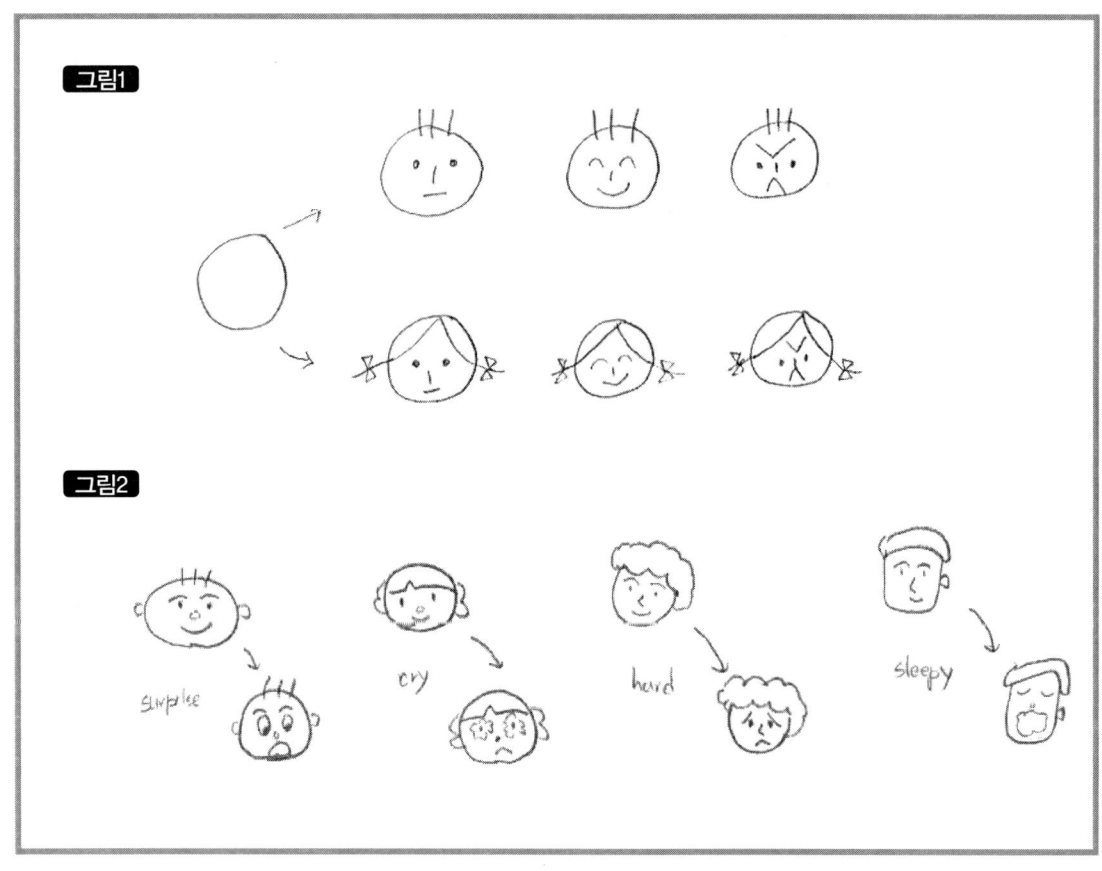

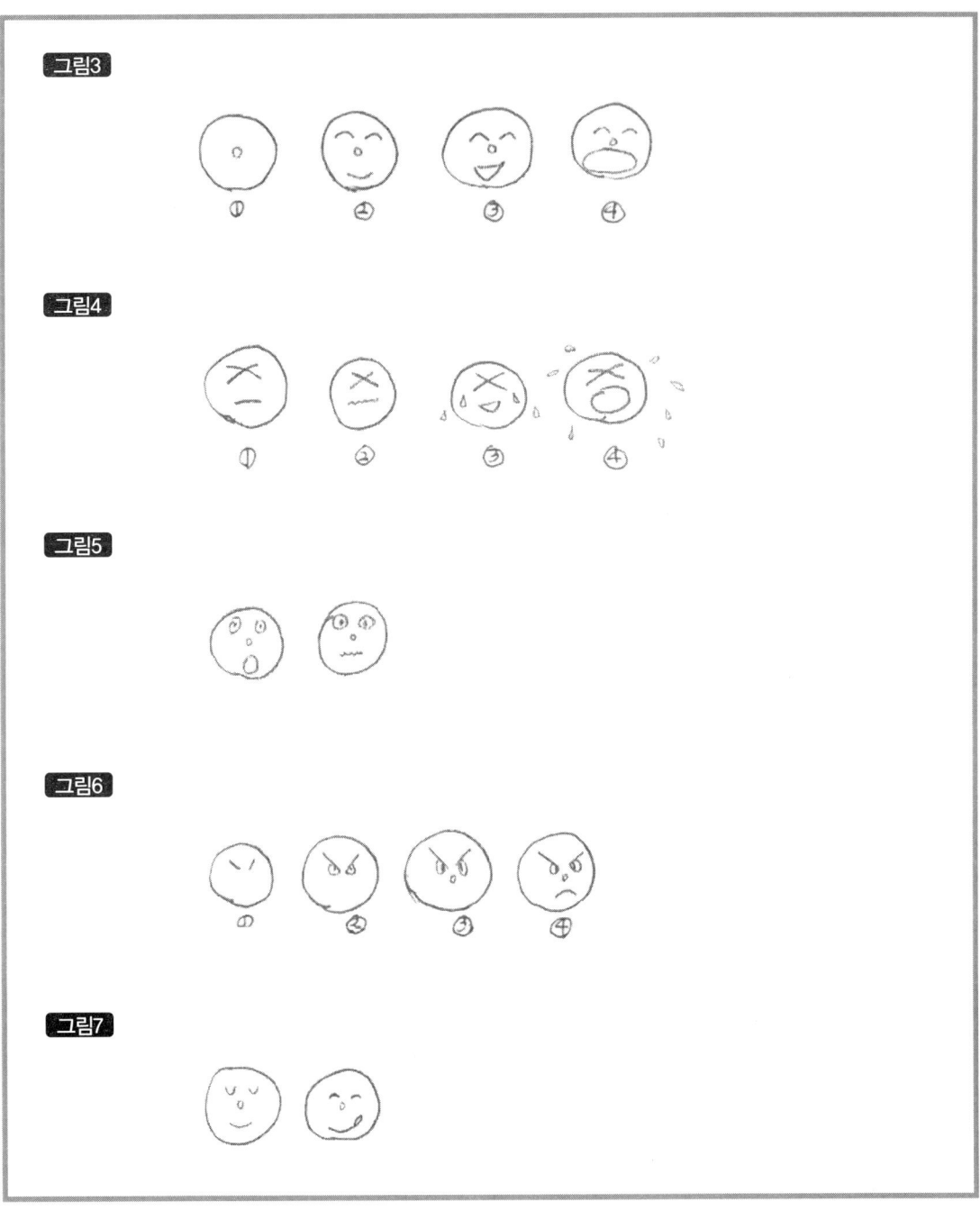

그림3

그림4

그림5

그림6

그림7

그림1은 선화 그리는 법과 요령을 예시한 그림이다. 즉 소년과 소녀는 머리카락의 개수와 여덟 팔자의 유무로 구별된다. 나머지는 남녀 구별없이 눈모양을 동일하게 그리면 웃는 얼굴이나 화난 얼굴이 된다.

그림2 는 약화 그리는 법과 요령을 예시한 그림이다. 첫 번째 그림은 놀란 얼굴, 두 번째 얼굴은 울고 있는 얼굴, 세 번째 그림은 곤경에 처해 있는 얼굴, 마지막 그림은 졸린 얼굴이다. 얼굴 부위의 그림을 약간 다르게 나타내는 것으로 각기 다른 효과를 낼 수 있다.

그림3 은 웃는 얼굴을 그리는 순서를 보여주고 있다. ①번과 같이 적당히 둥근 얼굴을 그리고, ②번과 같이 코를 그리고 그 다음에 눈과 입을 그려넣는다. ③번과 같이 입을 반달모양으로 그리면 웃는 정도가 더 커지고, 웃는 정도를 더 크게 강조하고자 하면 ④번에서처럼 입을 더 크게 그리면 된다.

그림4 는 우는 얼굴을 그리는 순서를 보여준다. 우는 얼굴을 그리기 위한 가장 손쉬운 방법은 눈을 X모양으로 그리는 방법이다. 입을 파도모양으로 그리면 우는 느낌을 더 잘 낼 수 있으며 입모양을 더 크게 하거나 눈물을 그려 넣으면 우는 느낌을 더 극대화할 수 있다.

그림5 는 놀란 얼굴이다. 놀란 얼굴은 눈과 코와 입을 둥글게 그리고 눈 한가운데에 눈동자를 그리면 놀란 느낌이 잘 드러난다. 입모양을 물결모양으로 하면 놀람의 정도를 더 효율적으로 조절할 수 있다.

그림6 은 화난 얼굴이다. 눈썹을 치켜세우고, 눈동자를 한중간으로 위치를 시킨 뒤, 입을 반달모양으로 그리면 쉽게 화난 느낌을 표현할 수 있다.

마지막으로 그림7 은 만족스런 얼굴과 맛있다는 표정을 그린 그림이다. 눈을 U자모양으로 그리거나 혀를 조금 내어 그리면 된다.

이렇게 해서 만들어진 그림교재는 카드의 형식으로 제작이 된다. 그림교재를 교실활동에 도입하고자 할 경우 구체적인 사용법은 '대비시키기', '이행시키기', '표리 사용하기', '움직이기', '기타' 등을 들 수 있다. 첫째, 대비시키기는 반대말을 한 장의 카드로 제시하고 그 차이를 학습자들에게 인식시키는 것이다. 둘째, 이행시키기는 어떤 특정한 상태에서 다른 상태로 변화된 한 장의 그림을 보여주고, 학습자들이 상태가 이행된 개념을 알 수 있도록 하는 것이다. 셋째, 표리 사용하기는 예를 들어 카드 앞면에 특정한 사람의 얼굴을, 뒷면에는 그 사람의 뒷모습이 들어간 카드를 학습자들에게 제시하는데, 특정한 사람의 얼굴에는 이름이 들어가 있도록 하고, 그 사람의 뒷모습을 보여주며 누구인지 학습자들에게 묻는 방식으로 일본어를 구사해 나가도록 한다. 넷째, 움직이기는 그림카드 자체를 움직이는 것이다. 예를 들면 공원을 배경으로 한 그림카드에 개나 자전거 그림을 넣거나 아니면 빼내는 것이다. 기타에 대한 설명은 생략한다.

그림교재를 사용할 때 몇 가지 유의점이 있는데, 첫째, 보여주는 타이밍은 목적으로 하는 발화를 끄집어내기 직전이어야 한다. 타이밍을 놓치면 교사가 원하는 목적이 어긋나게 된다. 둘째, 제시하는 방법으로는 교사가 그림을 직접 드는 경우, 칠판에 세우는 경우, 학습자가 들고 있도록 하는 방법이 있다. 그리고 카드는 사용이 끝나면 바로 집어넣는다. 왜냐하면 마냥 들고 있으면 학습자들에게 잔상이 남아 있어 결국 혼란을 초래하기 때문이다.

다음 절에서는 필자가 실제 수업에서 학습자들이 그린 그림을 소개하고, 그림교재의 제작 가능성을 들여다보도록 한다.

⊂ 1.2 실제 그림 그리기

필자는 전공 수업(일본어교육론)에서 그림교재의 제작 가능성을 모색해 보기 위해 실제로 학습자들이 그림을 어느 정도로 그릴 수 있는지를 알아보았다. 수업은 2010학년도 제2학기에 이루어졌으며, 그림을 그린 학습자는 전체 수강 인원 51명 중에 46명이었다. 전공 수업을 이수하는 학습자들은 장래 일본어교사를 희망하거나, 혹은 일본어를 가르치는 데에 흥미를 지닌 학습자들이었다. 자신들이 그림교재를 제작할 능력이 있는지, 그리고 자신들이 그린 그림들을 구체적으로 교실활동에 반영할 수 있는지를 실감하도록 하고자 하는 의도로 수업을 진행하였다. 이하의 절에서는 학습자들이 실제로 그린 그림을 희노애락과 기타로 나누어서 소개하기로 한다.

1.2.1 기쁜 얼굴
다음의 그림을 보도록 하자.

위의 그림들은 기쁜 얼굴을 예시한 것이다. 필자로부터 약화와 선화에 대한 설명을 들은 뒤, 각자 충실하게 그림을 그렸다. 약화와 선화에 대한 이해도가 높으며, 기쁜 느낌을 충실하게 잘 표현하고 있음을 볼 수 있다. 즉 헤어스타일이나 입모양(이를 드러낸다든지, 입술을 그린다든지)을 약간 변화시키는 것에 의해서 다양한 느낌을 잘 드러내고 있는 것을 볼 수 있다.

이러한 사실을 통해서 누구라노 일성한 교육을 받으면 누구라노 사신이 원하는 느낌내로 그림을 그릴 수 있음을 필자는 실감할 수 있었다.

1.2.2 화난 얼굴

그 다음에는 화난 얼굴이다.

위의 그림은 화난 얼굴을 예시한 것이다. 필자가 설명한 대로 눈썹을 치켜세우고, 눈동자를 한중간에 그려넣어 화난 느낌을 잘 표현했다. 몇몇 학습자들은 필자가 설명한 것에서 더 나아가 눈을 지그시 감는다든지, 입을 X자 모양으로 그린다든지, 입술을 쫑긋 모은다든지 하는 등의 효과를 넣어 화난 얼굴을 보다 실감나게 표현해 내기도 하였다.

이러한 사실 역시 누구라도 그림 교육을 받으면 누구라도 자신이 원하는 느낌대로 그림을 그릴 수 있음을 말해 주는 것이다.

1.2.3 슬픈 얼굴

다음은 슬픈 얼굴이다. 슬픈 얼굴은 시무룩한 표정과 우는 표정으로 나눌 수 있다. 다음의 그림을 보도록 하자.

 필자가 이미 설명한 대로 눈을 X모양으로 그리거나 입을 크게 그리거나 하면 우는 느낌을 더 잘 낼 수 있다 학습자들은 이점을 전반적으로 잘 이해하였다. 그런데 몇몇 그림을 보면, 벌써 응용이 이루어지고 있음을 볼 수 있다. 눈을 변형시키거나 체념하는 듯한 묘한 표정들이 바로 그러한 예에 해당한다.

 이러한 사실을 통해서도 누구라도 그림을 배우면 자신이 원하는 느낌대로 그림을 그릴 수 있음을 실감할 수 있을 것이다.

1.2.4 즐거운 얼굴

아래의 그림은 즐거운 그림을 예시하는 것이다.

즐거운 얼굴 그림은 1.2.1에서 본 것처럼, 기쁜 얼굴과도 공통점을 많이 지닌다. 위의 그림 중에는 기쁜 얼굴 그림이 되는 것도 있을 수 있으며, 1.2.1에서 제시한 기쁜 얼굴 그림 중에는 즐거운 얼굴 그림이 될 수 있는 것도 물론 있다고 생각된다. 위의 그림이 기쁜 얼굴을 예시하는 것이든 즐거운 그림을 예시하는 것이든 일정한 그림교육을 받으면 누구라도 자신이 원하는 느낌대로 그림을 그릴 수 있다는 점만큼은 부정할 수 없다.

1.2.5 기타

다음의 그림을 보도록 하자.

위의 그림은 학습자들이 희노애락에 관련된 그림뿐만 아니라 그밖의 다양한 그림까지도 그릴 수 있다는 사실을 보여 주는 것이다. 즉 일정한 그림교육을 받으면 평소 그려오던 습관이 더해져 보다 다양한 징르의 그림을 그릴 수 있다는 사실을 확인힐 수 있는 깃이다. 이껌에서 우리는 일정힌 그림교육을 받으면 누구라도 자신이 원하는 느낌대로 그림교재를 제작할 수 있다는 것을 명심할 필요가 있다고 하겠다.

1.3 교실활동으로의 활용 가능성

1.2절에서는 누구라도 그림교육을 받으면 다양한 종류의 그림을 그릴 수 있으며, 나아가서 그림교재를 충분히 제작할 수 있음을 확인하였다.

이하의 절에서는 학습자들이 실제로 그린 몇 가지 그림을 토대로 교실활동에서 그림이 어떻게 활용될 수 있는지에 대해 살펴보기로 한다.

1.3.1 대비시키기

아래의 그림들은 1.1절에서 언급한 대비시키기에 사용될 수 있는 그림들이다.

그림11

　위의 그림 중에서 우리가 이해할 수 없는 그림은 하나도 없다. 약간의 노력에 의해 이렇게도 완벽하게 우리는 그린 사람의 의도를 파악할 수 있는 것이다. 예를 들면 그림8 은 화장실에 들어가기 전과 나온 뒤의 상반된 상태를 보여 준다. 그리고 그림9 는 피겨스케이터의 제각기 다른 상태의 모습을 보여주며, 그림10 은 제각기 다른 몸동작을 나열하고 있는데, 이 그림들을 두 개씩 자르면 각기 상반된 그림으로 대비가 가능할 것으로 생각된다. 그리고 그림11 도 그림10 과 유사한 설명이 가능하다. 교사가 이 그림을 학습자들에게 보여 주면, 학습자들은 그러한 상반된 상태를 충분히 이해할 수 있으며 나아가 작문이나 발화의 형태로 표현하고자 하는 충분한 동기를 지닐 수 있을 것으로 생각한다.

1.3.2 이행시키기

　다음의 그림12 는 1.2절에서 언급한 이행시키기에 사용될 수 있을 것으로 생각된다.

그림12

1.1절에서 언급하였지만, 이행시키기는 어떤 상태에서 다른 상태로 변화되는 것을 학습자들이 손쉽게 인지하게 하고, 그 결과 작문이나 발화의 방식으로 표현하도록 유도하는 것이다. 보통 이행시키기는 두 장의 다른 상태를 제시하는 것이 일반적이지만, 그림12 와 같이 한 장의 그림으로도 교실활동에 도입할 수 있을 것으로 생각된다. 위의 그림을 보면 한 남자가 한 여자에게 반하고, 꽃을 선물하고, 사이가 좋아지고, 때로는 싸우기도 하다가 다시 화해하고, 프로포즈하고 마침내 결혼에 골인하는 과정을 보여주는데, 이러한 일련의 과정은 중고급뿐만 아니라 초급 과정의 학습자에게도 충분히 적용해 볼 수 있다고 생각된다. 이러한 일련의 과정을 그림의 제시없이 단순히 발화하게 하거나 작문을 하게 하는 것보다 그림을 도입하면 일본어로 표현하고자 하는 욕구가 훨씬 강해질 것으로 생각된다. 그림12 는 이행시키기뿐만 아니라 대비시키기의 형태로도 적용이 가능하며, 그림8 - 그림11 은 대비시키기뿐만 아니라 이행시키기의 형태로도 교실활동에 적용할 수 있을 것으로 생각한다.

1.3.3 기타

다음의 그림13 은 다양한 방식으로 교실활동에 도입이 가능할 것으로 생각된다.

그림13

앞에서 제시한 그림은 인간(사물)의 다양한 기본 동작을 파악하고 있으면 다양한 그림을 그릴 수 있다는 사실을 보여준다. 이들 그림에서 우리가 이해할 수 없는 그림은 하나도 없다.

동작을 나타내는 그림들은 동사 교육에 충분히 활용될 수 있다고 생각된다. 예를 들어 기본 동작 100가지를 알기만 하면 그림교육을 받은 사람은 충분히 그 100가지 동작을 그림으로 표현할 수 있을 것으로 생각한다. 그리고 위의 그림에서 제시된 자동차나 우산은 사람 옆이나 특정한 공간에 위치시키면 1.1절에서 언급한 움직이기의 효과를 거둘 수도 있을 것으로 생각된다. 아니면 명사를 그림을 통해 제시하면 학습자들의 명사에 대한 암기도 훨씬 용이할 것으로 생각한다.

그림이 없어도 동사를 암기하는 데에는 별 어려움이 없다고 하는 반론이 예상되기도 하지만, 특정 동작을 나타내는 그림을 보고, 일본어 동사를 암기하는 편이 그렇지 않은 편보다 훨씬 용이할 것으로 필자는 생각한다. 이것은 최근의 뇌 연구에서도 밝혀진 사실이다.

일본어 교재론

1.4 나오기

서두에서 언급한 바와 같이 그림교재는 그림을 통해 학습자의 학습목표를 달성하는 것이다. 일본어 교사가 그림에 재능이 없다고 해도 일정한 테크닉만 연마하면 누구라도 자신이 원하는 느낌대로, 그림을 그릴 수 있다는 사실을 지금까지 보아 왔다. 즉 선화나 약화에 대한 기본 지식을 갖추면, 인간의 희노애락에 관련된 얼굴이나 동작, 그리고 사물에 관련된 그림을 충분히 그릴 수 있으며, 실제 교실활동에서 충분히 그림을 활용할 수 있다는 사실을 확인할 수 있었다.

제2장

사진교재를 활용한
교실활동 방안

사진교재와 제1장에서 설명한 그림교재는 시각적 특징을 공유한다는 점에서 공통점을 지니지만, 그림교재가 여분의 정보를 삭제하고 주목시키고자 하는 정보만을 부각시킬 수 있으므로 단순한 동작을 이끌어내는 자극체로 자주 이용되는 반면에, 사진교재에는 그림교재에는 없는 여분의 정보 때문에 오히려 학습에 방해가 된다는 점에서 차이를 지니는 것으로 알려져 있다.

그런데 이는 어디까지나 단순동작을 일본어로 학습자들에게 가르칠 경우에 해당되는 것으로 생각한다. 예를 들면 「朝起きてから歯を磨く」의 문장을 학습자들에게 가르칠 경우, 아침에 일어난 모습과 이를 닦는 모습만을 그린 그림교재 쪽이 의도하지 않은 동작이 들어갈 소지가 있는 사진교재를 사용하는 것보다 교사에게는 훨씬 유리할 것으로 생각된다.

가와구치・요코미조(川口・横溝 2005:79‐87)와 고바야시(小林 1998:112)에서는 그림교재의 장점만을 강조한 반면에, 현장감이나 현실감을 지닌 사진교재의 장점을 살린 교수법에 대해서는 전혀 언급하고 있지 않다. 그러나 산교재의 존재를 고려하면 사진교재는 그림교재와는 비교가 되지 않을 정도로 다양한 장점을 지닌 학습 매개체로써 활용이 가능하다.

고바야시(小林 1998:102)나 가와구치・요코미조(川口・横溝 2005:107‐112)에 의하면 산교재란 실생활에서 실제로 사용되어지고 있는 소재를 교재로 이용하는 것을 말한다. 예를 들면 일본의 축구중계를 청취용으로 사용한다든지, 신문기사를 독해용으로 사용하는 것이다. 이에 반해 본 연구에서는 산교재를 학습자의 눈에 비치는 일본의 실제 모습이나 그 모습을 담은 사진으로 그 범위를 넓히고자 한다. 예를 들면 전철역에서 볼 수 있는 다양한 포스터나 광고 전단지, 건물, 관공서 같은 것이다.

이에 본장에서는 산교재로서 사진교재가 교실활동에서 어떻게 활용될 수 있는지에 대해서 살펴보고자 한다. 2.1절 이하에서 제시하는 사진은 필자가 일본 각슈인(学習院)대학 필드 트립 프로그램에 지도교수로서 참가하면서 직접 촬영한 것이다.

⊂ 2.1 사진교재를 활용한 교실활동

　사진교재를 활용한 교실활동을 제시하기 전에 우선 2.1.1절 - 2.1.2절에서는 필자가 참가한 필드 트립 프로그램의 개요를 산교재의 개념으로 사진과 함께 설명하고자 한다. 그리고 2.1.3절에서는 필자가 확보한 사진이 실제 교실활동에서 어떻게 교재로써 활용될 수 있는지에 대해서 설명하고자 한다.

2.1.1 필드 트립의 개요

　필자는 2010년 7월에서 8월에 걸쳐 약 3주간(7.12 - 8.2) 필드 트립에 참가하면서 필드 트립을 산교재로서 활용할 수 있는 가능성을 구체적으로 생각해 보았다. 이에 필자는 필드 트립 프로그램의 개요를 제시하고 이 프로그램이 산교재로서 구체적으로 어떻게 활용할 수 있는지를 설명하고자 한다.

　필드 트립이라고 하는 것은 예를 들어 교외 활동을 통하여 일본어 학습자로 하여금 일본어 능력의 향상을 도모하는 것이다. 즉 필드 트립을 통해 살아있는 일본어에 일본어 학습자들이 일정 시간 지속적으로 노출되도록 하는 것이다.

　필자가 참가한 필드 트립 프로그램의 절차는 대략 다음과 같다. 첫째, 일본어 학습자들이 특정한 그룹을 만들어 토의를 하여 장소를 정하도록 한다. 예를 들어 조별로 일본어 학습자들이 필드 트립을 갈 장소를 정하게 하고, 왜 특정 장소를 가려고 하는지 서로 토의하도록 한다.

사진1　　　　　　　　　사진2　　　　　　　　　사진3

　사진1 - 사진3 은 학습자들이 그룹을 만들어 필드 트립을 위한 장소를 결정하기 위해 토론을 벌이고 있는 실제 모습을 담은 것이다.

　그 다음으로 필드 트립을 위한 정보를 모으고 계획을 세우도록 한다. 컴퓨터실에서 각 그룹들로 하여금 Yahoo Japan으로 검색하게 하고 자신들이 정한 장소에 관련된 정보를 모으고 계획을 세우도록 한다. 예를 들면 필드 트립을 가는 일정과 시간, 가는 방법, 당일 날씨, 용돈, 교통비(전차, 버스), 입장료, 개관 시간 및 폐관 시간, 지도, 입장이 가능한 요일과 불가능한 요일 등을 조사하도록 하는 것이다. 아래의 **사진4** - **사진6** 은 학습자들이 필드 트립을 위한 정보를 모으고 계획을 세우는 실제 모습을 담은 것이다.

사진4

사진5

사진6

사진1 - **사진6** 에서 볼 수 있듯이, 필드 트립에 관련된 다양한 교실활동은 학습자들의 언어4기능을 발휘하기에 충분하다고 생각된다. 즉 필드 트립이라는 한 가지 주제를 완수하기 위해 학습자들은 듣기, 말하기, 읽기, 쓰기와 같은 다양한 언어 능력의 향상을 경험하게 되는 것이다.

2.1.2 필드 트립과 산교재

그러면 이절에서는 필드 트립 당일의 과정을 사진과 함께 소개하고, 실제로 학습자들이 필드 트립을 통해 어떻게 의사소통 능력을 지니게 되는지 즉 필드 트립이 어떻게 산교재로서 역할을 하게 되는지를 사진을 통해서 보도록 하자. 필자는 세 그룹 가운데, 이치고이치에(一期一会) 팀에 참가하였으므로, 이하에서는 이치고이치에 팀의 필드 트립을 중심으로 설명을 하고자 한다.

먼저 필자가 속한 이치고이치에 팀의 필드 트립은 야마노테센(山の手線)의 메지로(目白)역에서 신주쿠(新宿)역을 거쳐서 가마쿠라(鎌倉)를 보고 오는 것이었다. 다음의 사진들은 이치고이치에 팀이 가마쿠라역까지 가는 여정을 담은 것이다.

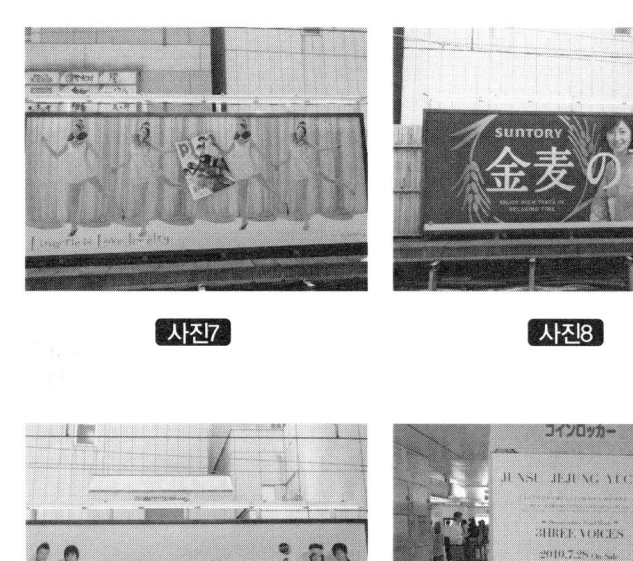

| 사진7 | 사진8 | 사진9 |

| 사진10 | 사진11 | 사진12 |

사진7 - 사진10은 신주쿠역 선로에 설치된 광고판이다. 사진11은 신주쿠역 내에 붙여진 JYJ포스터이며, 사진12는 역내의 승객들의 안전을 위한 주의 포스터이다. 이들 장면들은 학습자들의 읽기 능력의 향상이 이루어지도록 하는 산교재로서의 역할을 완수하기에 충분하다고 생각된다.

다음의 사진13 - 사진15는 신주쿠역에서 가마쿠라역으로 가는 전철 내부의 모습을 담은 것이다.

| 사진13 | 사진14 | 사진15 |

사진13은 속눈썹 광고를 포착한 것이며, 사진14와 사진15는 승객의 안전을 위한 주의 문구를 포착한 것이다. 이들 역시 학습자들의 읽기 능력을 돕는 산교재로서의 역할을 수행하기에 충분하다고 판단된다. 그리고 학습자들은 전철 내에서 승무원의 안내방송을 수십 차례 들을 수 있었는데,

이 역시 학습자들의 듣기 능력 향상을 돕는 산교재가 될 수 있다고 하겠다. |사진16| - |사진18|은 가마쿠라 역 모습을 담은 것이다.

|사진16| |사진17| |사진18|

가마쿠라에는 수많은 볼거리가 있는데, 그 모든 것을 하루만에 견학을 하는 것은 무리이다. 이치고이치에 팀은 이날(7.23) 「鶴岡八幡宮」, 「鎌倉大仏」, 「長谷川寺」를 둘러보았다.

아래의 사진은 「鶴岡八幡宮」 가는 길 주변의 모습과 「鶴岡八幡宮」의 앞과 내부 모습이다.

|사진19| |사진20| |사진21|

|사진22| |사진23| |사진24|

사진25   사진26   사진27

　사진19 와 사진20 은 「鶴岡八幡宮」으로 가는 길 주변을 촬영한 것으로 한국에서는 볼 수 없는 건물모양과 벽을 이용한 전시 방식이 눈에 띄었다. 사진21 은 「鶴岡八幡宮」 입구이며, 사진22 - 사진27 은 「鶴岡八幡宮」의 내부 모습을 담은 것이다. 사진24 는 기원을 담은 팻말들이며, 사진25 는 일본인들의 안전이나 발복을 위하여 다양한 물건을 파는 모습을 담은 것이다. 예를 들면 사진26 에서 보듯 개인의 안전을 위해 오마모리(お守り)를 파는 것이다. 사진27 은 벼락을 맞고도 꿋꿋이 생명력을 지켜나가는 은행나무의 모습을 담은 것이다.

　이들 사진에서도 보듯 필드 트립이 일본어 학습자들의 의사소통 능력 향상을 가져오는 산교재로서의 역할을 충분히 수행해 낼 가능성이 있음을 확인할 수 있다. 그뿐만 아니라 일본의 神宮을 통해서 이문화 체험도 가능하다. 일본어를 모르는 사람들에게는 단순히 관광에 불과하겠지만, 일본어를 학습하는 학습자들에게는 이문화 체험과 함께 의사소통 능력의 향상을 가져올 수 있는 기회가 되는 것이다. 다음의 사진들을 보도록 하자.

사진28   사진29   사진30

　사진28 - 사진30 은 「鶴岡八幡宮」 주변의 모습을 담은 것이다. 인력거나 도기의 배열은 우리나라에서는 보기 어려운 모습들이다.

　두 번째, 이치고이치에 팀은 예정대로 가마쿠라역에서 「鎌倉大仏」로 향했다. 다음의 사진들을 보도록 하자.

사진31

사진32

사진33

사진34

사진35

사진36

사진31의 독특한 색상(붉은색)과 디자인을 한 버스는 우리나라 사람들에게 신선한 감흥을 주기에 충분하다. 사진32는 「鎌倉大仏」의 모습이며, 사진33은 「鎌倉大仏」의 내부 모습이다. 사진34 - 사진36은 「鎌倉大仏」 주변 모습들을 담은 것이다. 가게의 모습들은 우리나라와 별반 다르지는 않으나 우리나라와는 다른 세련된 상품 배열 방식이나 진열 방식을 발견할 수 있었다.

마지막으로 필자가 속한 이치고이치에 팀은 「長谷川寺」로 향했다.

사진37

사진38

사진39

사진40   사진41   사진42

사진43   사진44   사진45

사진37 - 사진45 는 「長谷川寺」의 내부를 담은 것이다. 학습자들은 우리나라 사찰의 차이점과 공통점을 충분히 파악할 수 있었을 것이다. 특히 사진44 에서는 우리나라의 사찰에서는 볼 수 없는 매우 귀엽고 코믹한 부처님의 모습을 볼 수 있다. 사찰 내부의 다양한 안내판이나 사찰 소개 책자를 통해 읽기 능력을 배양하게 되는 계기를 마련하게 되었다고 생각한다.

마지막으로 다음의 사진들은 「長谷川寺」의 주변과 가마쿠라역 주변의 모습을 담은 것이다.

사진46   사진47   사진48

사진49

사진50

사진51

사진52

사진53

사진54

사진46은 「長谷川寺」 주변의 오르골 가게이며, 사진47과 사진48은 오르골 가게 내부를 촬영한 것이다. 여기에서 학습자들은 일본인 점원으로부터의 설명을 청취하고 오르골을 구입하였다. 결과적으로 산교재로서 청취 능력을 배양한 셈이다. 사진49 - 사진51은 가마쿠라 역으로 가는 長谷川寺 역 주변이며, 사진52 - 사진54는 가마쿠라 역 주변 풍경을 담은 것이다. 보고, 읽고, 듣고, 말하는 능력과 일본문화의 체험이 산교재를 통해서 주어진 것이다. 이와 같이 산교재가 주는 학습 효과는 무궁무진하다고 할 수 있다.

마지막으로 다음 사진55 - 사진57은 가마쿠라 역 주변 상점가를 촬영한 것이다.

사진55

사진56

사진57

역주변에는 캐릭터 완구점, 악세사리 가게, 전통 민예품 가게, 식료품 가게, 아이스크림 가게, 천 가방 가게, 레스토랑, 생활 민예품 가게, 공방, 경단 가게, 음식점 등이 즐비했다. 사진55 - 사진57 에서 보듯 일본어 학습자들이 이들 가게를 통해 간판을 읽거나 진열된 상품을 보고 읽으면서 자신들의 일본어 읽기 능력을 배양해 나갔을 것으로 생각된다.

2.1.3 사진교재와 교실활동

2.1.1절 - 2.1.2절에서는 일본어 학습자들이 필드 트립을 통해서 실제로 본 장면을 산교재로 간주하고 그에 따른 교육적 효과를 설명하였다. 한편 2.1.3절에서는 필드 트립에 참가하지 않은 일본어 학습자들의 간접 체험을 토대로 한 교실활동 가능성에 대해서 살펴보고자 한다. 사진교재를 교실활동에 도입을 하는 것은 사진이 지니는 단점보다 사진이 지니는 장점 즉 현장감, 현실감을 통해 일본어 학습자들의 표현 욕구를 더 강화시킬 수 있을 것으로 기대하기 때문이다.

우선 다음의 사진들을 보도록 하자.

사진58

사진59

사진60

사진61

사진62

사진63

사진64   사진65   사진66

사진67   사진68   사진69

　첫째, 예를 들어 사진64 를 확대하거나, 각 사진 속의 간판, 버스의 글씨나 바닥의 글씨를 확대하여 읽도록 한다면 초급 학습자들에게 있어 읽기를 위한 교재로서 충분히 활용할 수 있을 것이다. 사진을 통해서 히라가나나 가타가나가 실생활에서 사용되는 실감을 충분히 가질 것으로 생각되기 때문이다. 둘째, 사진58 과 같이 「鎌倉大仏」를 일본어 학습자들로 하여금 야후재팬 등의 사이트로 검색을 하게 한 뒤, 그 내용들을 일본어로 요약하게 하는 방안을 들 수 있다. 따라서 읽기 능력과 쓰기 능력의 향상을 도모할 수 있다. 이와 더불어 「鎌倉大仏」와 한국의 불상 즉 법주사 대불의 차이를 말해보도록 하면 이들 사진은 일본어 학습자들의 말하기 능력을 신장하는 좋은 교재가 될 수 있다. 마지막으로 역 주변의 풍경에 대해 서로 토론하고, 조별로 그 느낌들을 일본어로 발표하도록 하면, 그 내용을 듣는 다른 조원들에게는 듣기 능력이 강화되는 계기가 될 것이다.

　사진7 ‐ 사진57 은 필드 트립을 가지 않아도 그 과정을 교사가 학습자들에게 한국어로 천천히 설명한 뒤, 조별로 필드 트립의 과정을 일본어로 듣고, 말하고, 읽고, 쓰도록 하면 충분히 언어4기능 능력의 강화가 이루어질 수 있음을 말해 준다. 이때 교사는 학습자들이 조별 활동을 통해서 말하고자 하는 표현을 적절하게 연습하고 있는지, 듣고 있는 사람에게 제대로 전달되는 말투를 사용하는지를 기간 순시를 통해서 확인한다. 그밖에도 문장은 간단하고 짧게 작성을 하였는지, 크게 소리를 내면서 스피치 연습을 하는지, 빠르기는 적당한지, 분명한 어조로 말하는지, 알기 쉬운 단어를 사용하는지, 앞을 보고 말하는지, 웃으면서 말하는지도 점검을 하도록 한다. 그리고 수정된

원고를 바탕으로 최종적으로 스피치 연습을 하도록 하거나 다른 조원의 질문에 대답하는 연습도 하는지를 점검하면 듣기, 말하기, 읽기, 쓰기 등의 언어4기능 능력이 보다 확고하게 신장될 것으로 기대된다.

⊂ **2.2 나오기**

　지금까지 본장에서는 여분의 정보를 필요 이상으로 전달하는 사진교재의 단점보다 오히려 사진이 주는 현장감이나 현실감의 제시라는 사진교재의 장점을 교실활동에 적극적으로 반영하면 일본어 학습자의 표현 욕구가 한층 강화될 것이라는 역발상을 토대로 논의를 진행해 왔다.

　2.1.1절 - 2.1.2절에서 제시한 내용과 사진(**사진7** - **사진57**)은 사진교재이기 이전에 산교재로서의 의미로 필드 트립을 강조한 것이다. 필드 트립을 통해서 언어4기능의 향상이 저절로 실현될 가능성을 필자 나름대로 설명을 하였다.

　그리고 2.1.3절에서는 필자가 확보한 사진이 실제 교실활동에서 어떻게 교재로서 활용될 수 있는지에 대해서 설명하였다. 특정 사진을 확대하거나, 각 사진 속의 간판, 버스의 글씨나 바닥의 글씨를 확대하여 읽도록 한다면 초급 학습자들에게 있어 읽기를 위한 교재가 될 수 있을 것으로 기대된다. 나아가 학습자들로 하여금 특정 사진에 관련된 명승지를 인터넷으로 검색하게 한 뒤, 그 내용들을 일본어로 요약하게 하면 일본어 학습자들의 쓰기 능력의 향상도 도모할 수 있다고 하였다. 또한 특정 사진에 관련된 명승지와 우리나라의 명승지와의 비교를 통해 토론으로 유도를 하면 일본어 학습자들의 말하기 능력 향상도 도모할 수 있다고 하였다. 마지막으로 조별로 토론이 벌어지는 동안 다른 조원들이 그 토론을 듣게 되면 듣기 능력이 강화되는 계기도 될 수 있다고 강조하였다.

　현재 대부분의 교실활동(회화 수업, 작문 수업)에서는 대부분 특정 주제를 칠판에 적고 회화를 하거나, 한국어를 일본어로 작문하는 형태를 취하는 경향이 있다. 그러나 이들 방식을 과감히 탈피하여 사진교재의 장점을 교실활동을 통해서 적극적으로 발휘해 나간다면, 지금까지 볼 수 없었던 고도이 학습효과를 거둘 수 있을 것으로 기대한다.

제3장

사진교재를 통해서 본
일본의 이미지와 일본어교육 방안

여분의 정보를 불필요하게 담고 있다는 사진교재의 단점보다 다양한 정보를 담은 사진교재의 장점을 적극적으로 살려 이를 교실활동에 활용하고자 할 경우, 거기에는 많은 수업 방안이 있을 것으로 생각된다. 본장에서는 일본에서 필자가 직접 촬영한 사진을 바탕으로 일본의 이미지를 들여다보고 언어4기능 교육을 위한 수업 방안을 제시하고자 한다.

⊂ 3.1 일본의 이미지

우리가 일본을 가게 되면 한국에는 없는 다양한 모습들을 보게 된다. 그러나 일본 여행을 마치고 한국으로 돌아오면 우리가 일본에서 본 다양한 모습들이 구체적으로 어떠한 모습들이었는지에 대해서 표현하기가 그리 쉽지 않다. 일본에 대한 대충적인 이미지만 뇌리에 존재할 뿐, 일본의 어떠한 점이 어떻게 한국과는 다른지를 설명하기기 그리 쉽지 않다는 것이다. 또한 아직 일본을 가보지 못한 사람들도 일본의 이미지에 대해서 설명을 들었다고 해도 사진을 통하지 않고서는 일본의 이미지가 체계적으로 뇌리에 정착되리라 기대하기 어렵다.

이에 필자는 일본문화교육의 일환으로 사진교재를 이용한 일본 특유의 이미지를 필자 나름대로의 시각으로 제시하고자 한다. 이절에서 제시하는 일본의 이미지는 필자의 주관에 따른 것으로 어디까지나 교실활동의 과정을 제시하는 데에 주안점이 두어져 있다는 사실에 유의해 주길 바란다.

필자는 도쿄를 통해서 일본의 이미지를 설명하고자 한다. 그러나 필자가 보고 느낀 도쿄는 도쿄 특유의 이미지이지 일본을 대표하는 이미지가 아니라는 반론을 예상해 볼 수 있다. 그러나 필자는 도쿄 특유의 이미지보다는 도쿄 속에서 일본 어디에서나 볼 수 있는 일본의 보편적 이미지를 포착하고자 노력하였다는 점을 강조하고 싶다.

일본의 이미지는 많이 있겠지만, 필자는 이하의 몇 가지에 대해서만 설명을 해 나가고자 한다.

① 다양하고 따스한 색채가 흐르는 거리(골목) 이미지

② 적체물과 주차된 자동차가 없는 거리(골목) 이미지

③ 걷고 싶은 마음을 가지게 하는 거리(골목) 이미지

④ 나지막한 담장 아래위로 놓여진 화분과 꽃넝쿨이 들어간 거리(골목) 이미지

⑤ 자연 친화적인 느낌이 들어간 콘크리트와 보도블록, 땜질 없는 아스팔트 바닥, 자연친화적인 담장 이미지

⑥ 산뜻하고 맛깔스러워 보이는 먹거리, 다양한 종류의 먹거리 이미지

⑦ 만화나 애니메이션적 감성이 감도는 거리 이미지

⑧ 기타

위에서 제시한 이미지를 뒷받침해 주는 사진을 학습자들에게 보여준다면, 일본어 학습자들은 교사가 의도한 일본의 이미지를 체계적으로 가질 것으로 기대된다.

그러면 위에서 제시한 일본의 이미지를 뒷받침하는 사진들을 제시하면서 설명하기로 한다. 우선 첫째로 다양하고 따스한 색채가 흐르는 거리 이미지부터 보도록 하자.

사진1   사진2   사진3

사진1 에 보이는 맥주 광고 간판은 사실적이고 따스한 색채를 통해 소비자들의 시선을 끌고 있다. 간판에 들어 있는 생동감 넘치고 따스한 색채는 주변의 환경과도 이질감이 없이 잘 조화를 이루고 있다. 사진2 를 통해서도 건물과 사진이 들어간 간판, 그리고 아스팔트가 서로 이질감이 없이 조화를 잘 이루고 있으며 고급적인 느낌을 주면서 보행자들의 시선을 끌고 있음을 볼 수 있다. 사진3 에 들어간 건물의 붉은 색과 초록색이 가로수와 묘하게 어우러져 보행자의 시선을 자연스럽게 끌어들이고 있는 것을 볼 수 있다. 한국에서는 볼 수 없는 색의 배합이다.

둘째, 적체물과 주차된 자동차 없는 시원하게 뚫린 거리 이미지이다.

사진4   사진5   사진6

사진4 - 사진6은 도쿄뿐만 아니라 일본 전역에서 볼 수 있는 전형적인 거리(골목) 이미지를 보여준다. 쓰레기나 적체물, 그리고 무단 주차된 자동차를 찾아볼 수 없으며 상당히 위생적인 느낌을 보여 주고 있다. 우리나라와는 정반대의 이미지를 보여 주고 있다. 우리나라의 골목은 양쪽에 늘어선 자동차 때문에 보행하기가 매우 어려운데, 무단 주차된 자동차가 없는 사진4 - 사진6의 이미지를 연상하면 우리나라 골목이 주는 이미지가 현실적으로 얼마나 고통스러운 것인지를 실감할 수 있다.

셋째, 걷고 싶은 마음을 가지게 하는 거리(골목) 이미지이다.

사진7   사진8   사진9

사진7은 신사(神社) 뒷골목을 촬영한 것으로 산책하기에 최적의 환경임을 보여주고 있다. 무단 주차된 자동차나 자전거, 오토바이, 적체물 같은 장애물을 찾아볼 수 없기 때문이다. 사진9를 통해서도 산책하는 데에 어떠한 장애물도 없음을 볼 수 있다. 사진8은 꽃집을 촬영한 것으로 한국의 꽃집과는 분위기가 사뭇 다르다. 한국의 꽃집은 바로 옆에 오토바이 가게나 술집이 자리하는 경우가 많아서 주변과의 조화를 이루기가 어려운 경우가 많지만, 일본의 꽃집에서는 사진8에서 보듯,

보도 끝자락에 자그맣고 다채로운 꽃이 심어진 화분이 나열되어 있고, 오토바이 가게나 술집과 같은 꽃집 본연의 이미지와 상반되는 가게가 꽃집 옆에 자리 잡는 경우가 거의 없기 때문에, 조화롭고 아름다운 거리 풍경이 자연스럽게 조성되어 있는 것을 볼 수 있다.

넷째, 나지막한 담장 아래위로 놓여진(걸려 있는) 화분과 꽃 넝쿨이 들어간 거리(골목)의 이미지이다.

사진10   사진11   사진12

사진10 은 처마 아래에 「風鈴」과 꽃 화분이 매달려 운치있는 여름 풍경을 보여 주고 있다. 사진11 에서는 간판 위로 넝쿨이 쳐져 있는 모습을 볼 수 있으며, 사진12 에서는 주차장 한켠에 꽃 넝쿨이 자리 잡고 있는 것을 볼 수 있다. 지금까지도 그러하였듯이 일본의 거리는 특정한 공간의 미적 표출뿐만 아니라 주변 공간과의 조화도 항상 고려된다는 사실이다. 특정한 공간만을 가꾸고 주변과의 조화를 중시하지 않는 한국의 이미지와는 사뭇 다른 모습이다.

다섯째, 자연 친화적인 느낌이 들어간 콘크리트와 보도블록, 땜질 없는 아스팔트 바닥, 자연친화적인 담장 이미지이다.

사진13   사진14   사진15

사진13 을 보면 바닥의 콘크리트가 흰색을 띠고 있지 않다. 오히려 푸르스름하기까지하다. 한국

에서는 바닥의 콘크리트나 담장 콘크리트의 색채가 흰색을 띠는 경우가 많은데, 그런 관계로 주변과의 조화가 거의 느껴지지 않고 오히려 천박하게 느껴지기도 한다. 사진14 의 주택 담장은 흰색을 띠고 있으나, 가까이 가서 보면 콘크리트 벽 자체에서 나오는 흰색이 아니라 건물 색채와 조화를 이루기 위해 의도적으로 흰색으로 칠해진 것임을 알 수 있다. 사진15 에서는 흰 콘크리트 바닥이 아닌, 땜질되지 않은 자연스럽고 친환경적인 느낌의 아스팔트 바닥을 보여 주고 있다.

여섯째, 산뜻하고 맛깔스러워 보이는 먹거리, 다양한 종류의 먹거리 이미지이다.

사진16

사진17

사진18

사진16 - 사진18 에서는 풍요롭고 맛깔스럽게 전시된 먹거리들을 보여 주고 있다. 한국에서도 물론 풍요로운 먹거리를 볼 수 있지만, 한국과 다른 점은 일본의 먹거리는 한국과는 비교되지 않을 정도의 방대한 양과 다양한 종류의 먹거리를 소비자들에게 보여주며, 맛깔스럽고 정갈한 포장, 세련된 레이아웃 상태를 유지하며 소비자들을 불러들인다는 것이다.

일곱 번째, 만화나 애니메이션적 감성이 감도는 거리 이미지들이다.

사진19

사진20

사진21

사진22   사진23   사진24

사진25   사진26   사진27

사진19 - 사진21 은 필자가 직접 허가를 받아서 코스프레를 하고 있는 사람들을 촬영한 것이다. 사진 속의 인물들은 애니메이션 주인공의 이미지를 현실적으로 흉내낸 마니아들인 셈이다. 사진22 는 음식점을 촬영한 것인데, 만화에 나오는 궁전 모습으로 가게 앞을 꾸몄다. 사진23 은 주인공 「あんパンマン」이 아닌 악역인 「バイ菌マン」을 가게 앞에 진열하고 있는 모습을 촬영한 것이다. 사진24 는 「たぬき」 도자기 인형을 가게 앞에 전시하고 있는 모습을 촬영한 것이다. 사진25 와 사진26 은 실생활에 애니메이션적 요소를 적용한 모습을 담고 있으며, 사진27 은 애니메이션적 요소를 가미한 다양한 색채의 가발을 광고하고 있는 모습을 담은 것이다.

마지막으로 기타이다. 다음의 모습들은 일본에서만 볼 수 있는 일본 특유의 모습들이다.

사진28   사진29   사진30

사진28은 단칸짜리 전철버스의 모습을 담은 것이다. 사진29는 번화가 입구 모습을 담은 것이다. 사진30은 메이지 신궁의 모습을 담은 것이다. 다음의 사진들을 보도록 하자.

사진31

사진32

사진33

사진31과 사진32는 가족만이 참석하는 전통 결혼식을 올리기 위해 입장하는 모습을 담은 것이고, 사진33은 한국에서 가로수로 많이 심어져 있는 플라타너스 나무가 공원에 심어져 있는 희귀한 장면을 담은 것이다. 다음의 사진들을 보도록 하자.

사진34

사진35

사진36

사진34는 모나리자 그림을 원래와는 다른 놀란 표정으로 나열해 놓은 그림을 걸어 놓은 모습이며, 사진35는 콘서트 광고를 트레일러로 하고 있는 모습을 담은 것이다. 사진36은 얼핏 낡고 초라한 모습을 하고 있는 落語 극장의 모습을 담은 것이다. 그러나 사진36을 보면 落語 극장의 낡고 초라한 느낌보다는 오히려 전통에서 묻어나오는 숭고한 느낌이 강하다. 다음의 사진들을 보도록 하자.

사진37

사진38

사진39

사진37은 게 요리 전문점 간판을 담은 것이며, 사진38은 「タヌキ」 父子 도자기가 가게 앞에 놓여 있는 모습을 담은 것이다. 그리고 사진39는 「だんご」 가게 모습을 촬영한 것이다. 다음의 사진들을 보도록 하자.

사진40

사진41

사진42

사진40은 일본 신사나 신궁(神宮)에서 사람들 각자가 소원하는 바를 종이에 적어 매달아 놓은 모습을 촬영한 것이며, 사진41과 사진42는 여름 마쓰리 풍경을 촬영한 것이다. 다음의 사진들을 보자.

사진43

사진44

사진45

사진43 - **사진45**는 일본 특유의 상품 진열 상태를 촬영한 것이다. 단순히 특정 상품을 진열하는 것이 아닌 상품과 상품, 그리고 상품과 주변과의 미적 조화를 최대한 살리기 위한 진열자의 코디네이트 감각이 돋보이는 진열 방식을 확인할 수 있다. 다음의 사진들을 보도록 하자.

사진46

사진47

사진48

사진46은 기모노를 판매하는 가게의 모습을 촬영한 것이고, **사진47**은 도심에 위치한 묘지를, **사진48**은 절 안에 모셔져 있는 지장보살에 붉은 옷이 입혀져 있는 모습을 촬영한 것이다. 다음의 사진들을 보도록 하자.

사진49

사진50

사진51

사진49는 마쓰리(야스쿠니 신사에서 주최하는 마쓰리)를 후원한 사람들의 이름이 들어간 연등이 나열된 모습을 촬영한 것이고, **사진50**은 신사에서 신사 관련 기념품 등을 파는 모습을 촬영한 것이다. 그리고 **사진51**은 사람들의 손금을 진단하고 운명을 말해 주는 가게의 모습을 촬영한 것이다. 다음의 사진을 보도록 하자.

|사진52|사진53|사진54|

사진52 - 사진54는 마쓰리가 열리고 있는 야스쿠니 신사 내부의 모습을 촬영한 것이다. 다음의 사진들을 보자.

|사진55|사진56|사진57|

사진55는 스가모 마쓰리를 대표하는 연등(지장의 모습이 그려진 연등)을 촬영한 것이며, 사진56 은 스가모 마쓰리에서 봉오도리를 추는 사람들의 모습을 촬영한 것이다. 사진57은 거리를 누비는 인력거와 인력거꾼의 모습을 촬영한 것이다.

지금까지 소개한 사진의 이미지는 대부분 일본 전역에서 확인할 수 있는 것이며, 일본 이외의 나라에서는 볼 수 없는 일본 특유의 이미지라고 단언할 수 있다. 이와 같이 교사는 일정한 기준을 가지고(그것이 교사 자신이 객관적으로 선택한 기준이든, 주관적으로 선택한 기준이든) 일본의 이미지를 학습자들에게 보여 주면서 설명을 하면 교사가 의도한 대로 일본어 학습자들이 일본에 대한 이미지를 학습할 수 있을 것으로 기대해 볼 수 있다.

⊂ 3.2 사진교재를 통한 언어4기능 연습

3.1절에서는 교사가 일본의 이미지를 일본어 학습자들에게 제시하는 것에 의해서 일본어 학습자들의 일본 이미지에 대한 지식이 체계적으로 흡수될 가능성이 있음을 설명하였다.

그러나 문제는 사진을 통해서 일본의 이미지를 단순히 일본어 학습자들에게 설명하였다고 해서 해당 이미지들이 과연 학습자들에게 순조롭게 흡수될 것인가 하는 점이다. 파노라마처럼 사진을 돌리면서 설명을 하는 경우, 몇몇 사진에 대해서는 특정 이미지에 관련된 잔상이 학습자의 뇌 속에 남아있다고 해도 시간이 경과함에 따라 교사가 의도한 일본의 이미지들이 학습자들의 뇌리에서 오래 머무르지 못하고 사라져 버릴 염려가 있다.

다카미(高見, 2004:66‒67)에 의하면 기억(memory)에는 몇 초에서 몇 분 정도로 사라져 버리는 단기적 기억(short‒term memory)과, 며칠에서 몇 주 혹은 그 이상의 세월이 경과해도 잊는 일이 없는 장기적 기억(long term memory)이 있는 것으로 알려져 있다. 언어교육이나 문화교육은 일반적으로 단기적 기억에서 장기적 기억으로 전환을 꾀할 목적으로 이루어진다고 볼 수 있다. 사람의 이름 같은 것을 듣고 암기하고 얼마 지나지 않아 금방 잊어버리는 식의 언어교육이나 문화교육이 행해진다면 아무런 의미가 없기 때문이다. 장기적 기억으로 전환이 이루어지기 위해서는 예를 들어 교사가 일본어 학습자들에게 일본문화에 대한 설명 횟수를 올리거나(빈도), 일본어 학습자에게 부여하는 임팩트(강도)를 올리거나 하는 등의 노력이 필요하다.

일본의 이미지를 일본어 학습자들에게 구두로 설명하면 그것은 일본의 이미지라는 기억이 단기적 기억의 형태를 띠게 될 확률이 높다. 그러나 3.1절에서 제시한 바와 같이 일본의 이미지를 학습자들에게 사진으로 제시해서 설명하게 되면, 그것은 장기적 기억으로 전환될 가능성이 훨씬 높아질 것으로 예상된다. 왜냐하면 청각 정보에 사진이 주는 시각 정보가 더해져 일본의 이미지에 대한 기억이 강화될 것으로 예상되기 때문이다. 백번 듣는 것보다 한번 보는 것이 낫다는 말이 있듯이 말이다. 그만큼 보는 것이 듣는 것보다 임팩트가 강하다는 말이다.

그러나 사진을 단지 일본어 학습자들에게 보여 준다고 해서 일본의 이미지가 무조건 장기적 기억으로 전환된다고 단언할 수 없다. 기억에는 한계가 있기 때문이다. 따라서 일본의 이미지를 장기적 기억으로 전환하기 위해서는 여러 방법이 있겠으나 이절에서는 사진을 통한 언어4기능 훈련 방법에 대해서 살펴보고자 한다.

단적으로 말하면 교사가 일본어 학습자들에게 사진을 보여 주면서 설명해 주는 단계를 넘어 교사가 사진에 관련된 정보를 학습자들에게 들려 주고, 말하게 하고, 읽게 하고, 쓰게 하는 것이다. 이러한 훈련을 통해서 언어4기능의 향상을 꾀할 뿐만 아니라 일본의 이미지를 장기적 기억으로 전환할 수 있도록 하는 것이다.

이하에서는 사진을 통한 언어4기능 향상을 구체적으로 어떻게 도모할 수 있는지에 대해서 알아보도록 하자. 이하에서 제시하는 언어4기능 향상 방안은 사진교재를 활용한 언어4기능 향상 가능성을 염두에 둔 것으로 교사 개인의 생각이나 상황에 따라 이하에서 제시하는 방안 외에도 다양한 방안을 교실활동에 적용할 수 있을 것으로 기대된다. 예를 들어 교사는 이하에서 제시하는 사진교재를 통해 교사 자신이 담당하는 학습자들의 일본어 학습 경력을 고려해서 언어4기능에 관련된 다양한 구체적 수업 방안을 모색해 볼 수 있을 것이다.

우선 첫째, 사진의 내용 듣기이다. 예를 들어 교사는 일본어 학습자들에게 다음과 같은 사진을 제시한 뒤, 각 사진의 내용을 일본어로 말한다.

사진58

사진59

사진60

위의 사진 내용에 관련된 사항을 교사가 즉석에서 아니면 수업 시작 전에 말을 만들어서 학습자들에게 들려준다. 그러나 학습자들에게 위의 사진 내용들을 단순히 일본어로 들려 주기보다는 듣고 나서의 내용을 되묻는 쪽으로 유도를 하면 듣기 능력이 한층 강화될 것이다. 그리고 교사의 질문에 학습자들이 쓰기나 말하기를 통해서 대답을 하면 쓰기 능력이나 말하기 능력이 강화될 것이다. 각 사진의 내용과 내용에 관련된 사항을 다음과 같이 교사가 읽어 주었다고 가정하자. 내용 전달이 우선이므로 편의상 한국어로 제시한다.

사진58

① 위의 사람들은 마쓰리에서 봉오도리를 추고 있습니다.
② 봉오도리를 추는 사람들은 모두 여자입니다.
③ 봉오도리를 추는 사람들은 모두 유카타를 입고 있습니다.
④ 한 중간에 빨간 옷을 입은 스가모(すがも, 오리)가 춤을 추고 있습니다.
⑤ 그래서 이 마쓰리를 스가모 마쓰리라고 부르고 있습니다.

⑥ 한 사람이 봉오도리를 추는 사람들을 촬영하고 있습니다.

⑦ 스가모라는 지명은 도쿄에 있습니다.

⑧ 스가모는 할아버지와 할머니들의 시부야(渋谷)라고 불리고 있습니다.

⑨ 스가모에 가면 할아버지와 할머니들을 많이 볼 수 있습니다.

위에서 제시한 사진58 의 내용을 교사가 일본어로 읽고 학습자들은 듣는다. 학습자들의 레벨에 따라서 두 번에서 세 번 정도 같은 내용을 읽어 준다. 그리고 최종적으로 교사는 자신이 읽어준 위의 내용을 다음과 같이 학습자들에게 질문하고 쓰기나 말하기로 대답하도록 한다.

사진58

① 위의 사람들은 마쓰리에서 무슨 춤을 추고 있나요?

② 봉오도리를 추는 사람들은 모두 남자입니까? 여자입니까?

③ 봉오도리를 추는 사람들은 모두 무슨 옷을 입고 있나요?

④ 한 중간에 빨간 옷을 입은 동물의 이름은 무엇인가요?

⑤ 사람들은 이 마쓰리를 무슨 마쓰리라고 부르고 있습니까?

⑥ 스가모라는 곳은 어디에 있습니다.

⑦ 스가모는 할아버지와 할머니들의 어디라고 불리고 있나요?

교사는 자신이 설명한 것을 학습자들에게 모두 질문할 수도 있고 상황에 따라 몇 가지 질문을 생략할 수도 있다. 사진59 와 사진60 에 대해서도 유사한 설명이 가능하다.

둘째, 사진의 내용 말하기이다. 예를 들어 교사는 일본어 학습자들에게 다음과 같은 사진을 제시한 뒤, 각 사진의 내용을 학습자들로 하여금 말하도록 한다.

사진61

사진62

사진63

사진 내용을 들을 때와 마찬가지로 사진의 내용을 말하기에서는 특정한 사진으로 수업을 진행할 수도, 그와는 달리 위의 사진61 - 사진63에 관련된 내용 모두를 가지고 수업을 진행할 수도 있다. 왜냐하면 사진이 담고 있는 내용이 사진에 따라 복수의 문장으로 표현하기에 충분할 수도 충분하지 않을 수도 있기 때문이다.

교사는 예를 들어 사진61에 관련된 일본어 질문을 통해 학습자로 하여금 일본어로 말하게 하거나, 사진61의 상황을 교사의 구체적 질문없이 학습자에게 말하게 하는 방안을 생각해 볼 수 있다. 아니면 조별로 각 사진의 상황을 토론하고 최종적으로 조별로 말하기 활동을 하도록 하는 방안도 생각해 볼 수 있다. 이하 편의상 한국어로 제시한다.

사진61 - 사진63
① 사진61은 무슨 사진입니까? - 결혼식 사진입니다.
② 사진61은 어디에서 행해지는 결혼식입니까? - 신사나 신궁에서 행해지는 결혼식입니다.
③ 신랑과 신부는 무슨 색의 옷을 입고 있습니까? - 신랑은 검은 색 상의와 회색 하의를 입고 있으며, 신부는 흰색 옷을 입고 있습니다.
④ 사진62는 무슨 사진입니까? - 전철 타는 곳을 촬영한 사진입니다.
⑤ 우리나라와 어떻게 다른가요? - 위 사진의 전차는 버스처럼 한 칸짜리 전차이네요. 한국에서는 볼 수 없는 것이네요.
⑥ 사진63은 무슨 가게를 촬영한 것일까요? 민속 공예품을 파는 가게입니다.
⑦ 가게 앞에 놓여진 캐릭터는 무슨 캐릭터인가요? 세균맨(バイキンマン)입니다.
⑧ バイキンマン은 무슨 애니메이션에 나오는 등장인물인가요? - アンパンマン입니다.
⑨ 사진61 - 사진63에 관련된 감상을 조별로 일본어로 말해 봅시다.

셋째, 사진의 내용 읽기이다. 예를 들어 교사는 일본어 학습자들에게 다음과 같은 사진을 제시한 뒤, 각 사진의 내용을 학습자들로 하여금 읽도록 한다.

사진64

사진65

사진66

사진의 내용 말하기 때와 같이 특정한 사진으로 수업을 진행할 수도, 그와는 달리 위의 사진에 관련된 내용 모두를 가지고 수업을 진행할 수도 있다.

사진을 보고 읽는 연습을 하는 방안으로는 몇 가지 방안이 있을 수 있는데, 필자는 다음과 같은 두 가지 방안을 제시하고자 한다. 하나는 예를 들어 사진64 에 관련된 문장을 다음과 같이 교사가 제시하고 학습자들로 하여금 읽도록 하는 것이다. 편의상 한국어로 제시한다.

이 사진은 메이지 신궁(明治神宮)을 촬영한 것입니다. 큰 도리이(鳥居)가 매우 인상적입니다. 많은 사람들이 도리이 아래를 지나고 있습니다. 도리이는 신사나 신궁의 입구를 표시하는 것으로 신궁의 도리이는 신사의 도리이와는 비교가 되지 않을 정도로 그 규모가 매우 큽니다.

다른 하나는 사진64 - 사진66 의 사진을 나열하고 각 사진에 관련된 내용을 학습자들이 읽도록 하는 방안을 생각해 볼 수 있다. 이하 편의상 한국어로 제시한다.

1

2

3

(1) 이 사진은 일본의 가방 가게를 촬영한 것입니다. 예쁘고 귀여운 가방이 많이 걸려져 있습

니다. 두 명의 여자 분이 벽에 걸려져 있는 가방을 쳐다보고 있습니다. 한 여자 분은 모자를 쓰고 있습니다. 가방의 전시가 매우 세련되었습니다. 사진을 보니 가방을 사고 싶어졌습니다.

(2) 이 사진은 메이지 신궁(明治神宮)을 촬영한 것입니다. 큰 도리이(鳥居)가 매우 인상적입니다. 많은 사람들이 도리이 아래를 지나고 있습니다. 도리이는 신사나 신궁의 입구를 표시하는 것으로 신궁의 도리이는 신사의 도리이와는 비교가 되지 않을 정도로 그 규모가 매우 큽니다.

(3) 이 사진은 인력거를 끄는 사람의 모습을 촬영한 것입니다. 한국에서는 식민지 시대에 인력거가 있었다는 말을 들었는데, 일본에는 아직도 인력거를 볼 수 있습니다. 그러나 인력거는 교통수단으로서보다는 볼거리에 중점을 둔 관광콘텐츠의 하나로 운영되고 있다고 합니다. 전통을 잘 지키는 일본인들의 마음가짐을 배워야겠다고 생각했습니다.

① 1의 그림에 해당되는 문장은 몇 번 문장입니까? - (2)번 문장입니다.
  그러면 (2)번 문장을 읽어 보도록 합시다. - 학습자들이 읽는다.
② 2의 그림에 해당되는 문장은 몇 번 문장입니까? - (3)번 문장입니다.
  그러면 (3)번 문장을 읽어 보도록 합시다. - 학습자들이 읽는다.
③ 3의 그림에 해당되는 문장은 몇 번 문장입니까? - (1)번 문장입니다.
  그러면 (1)번 문장을 읽어 보도록 합시다. - 학습자들이 읽는다.

마지막으로 사진의 내용 쓰기이다. 예를 들어 교사는 일본어 학습자들에게 다음과 같은 사진을 제시한 뒤, 각 사진의 내용에 해당되는 문장을 일본어로 물으면, 학습자들은 단문의 형태로, 혹은 여러 문장 형태로 작성하도록 한다.

사진67

사진68

사진69

사진70

① "사진67은 무엇을 파는 가게입니까"라고 교사는 서면으로 학습자들에게 질문한다.

   - 학습자들은 기모노를 파는 가게라고 일본어로 작성한다.

② "사진68은 무슨 장면을 촬영한 것입니까"라고 교사는 서면으로 학습자들에게 질문한다.

   - 학습자들은 마쓰리라고 일본어로 작성한다.

③ "사진69는 무슨 가게를 촬영한 것입니까"라고 교사는 서면으로 학습자들에게 질문한다.

   - 학습자들은 당고라고 일본어로 작성한다.

④ "사진70은 무엇을 파는 가게입니까"라고 교사는 서면으로 학습자들에게 질문한다.

   - 학습자들은 게요리 가게라고 일본어로 작성한다.

⑤ 일본 기모노에 대한 여러분들의 감상을 적어봅시다.

   - 학습자들은 일본 기모노에 대한 자신들의 감상을 일본어로 작성한다.

⑥ 일본 마쓰리에 대한 여러분들의 감상을 적어봅시다.

   - 학습자들은 일본 마쓰리에 대한 자신들의 감상을 일본어로 작성한다.

일본어 교재론

제4장

일본의 노래교재를 활용한 교실활동 방안

4.1 들어가기

일본어교육에서 뿐만 아니라 외국어교육에서 다양한 대중매체를 활용한 학습법이 거론되고 있다. 그 가운데에서 노래를 활용한 학습 방법은 학습자의 외국어(일본어) 학습에 대한 흥미 유발이 용이하다는 이점 때문에, 또한 일본어를 전공으로 하는 학습자들은 일본 가수와 노래에 관심이 많다는 점 때문에 교실활동에 노래가 활용될 가능성이 매우 높다고 할 수 있다. 이하의 **표1**은 일본 노래에 대한 전공 학습자들(대학생)의 선호도를 조사한 것이다. **표1**은 천호재(2010: 59)에서 인용한 것이다.

표1 전체 일본어 학습자의 일본 노래 선호도

설문 내용	다음의 일본 음악 중에서 관심 있는 장르는 무엇입니까?								
보기	발라드	댄스	J-POP	랩	록	R&B	엔카	기타	없다
설문 결과	23.9	11.5	51.4	0.7	7.2	3.6	1.4	2.9	11.5

표1에서 보듯, 일본어 학습자 중에서 거의 90%가 일본 노래에 관심을 보이는 것으로 나타났다(J-POP은 물론 발라드, 댄스, 랩, 록, R&B를 내포한다고 할 수 있는데, 구체적인 설명은 생략하기로 한다.). 이들 수치를 통해서 일본 노래에 대한 한국인 일본어 학습자의 높은 관심도를 확인할 수 있다. 일본 노래를 유효적절하게 교실활동에 반영하는 경우, 학습 효과가 제고될 수 있을 것으로 기대된다.

노래 가사는 국적을 불문하고 한편의 시라고 할 수 있을 정도로 아름답고 지적으로 세련된 표현들과 단어들이 사용되기 때문에 듣는 이로 하여금 많은 심적 감흥을 일으키곤 한다. 즉 멜로디를

타고 전해지는 가사의 전달력이 워낙 크므로 표현이나 단어들은 단순히 교과서를 통해 학습한 단어나 표현보다는 훨씬 기억하기가 용이하며, 단어나 표현의 쓰임새를 이해하는 것에 의해 고도의 정신세계에 도달할 수 있다는 이점이 노래에는 있는 것이다.

노래가사는 그 곡을 부르는 가수의 창법이나 가사의 내용에 따라 듣기가 용이한 곡, 혹은 듣기가 어려운 곡이 있다. 박자 수나 노래의 템포를 고려하여 두 단어를 붙여서 발음하거나 지나친 축약형이 들어간 가사를 듣게 되면 그러한 노래는 듣기 어려운 곡이 되어 버릴 것이다. 이런 점에서 교사는 곡을 선정하는 경우, 학습자의 수준을 고려하여 가사 속에 나오는 단어들이나 문형, 발음 등 미세한 부분까지 신경을 써야 할 것이다.

본장에서는 일본 노래를 통한 몇 가지 수업 방안을 제시하고자 한다.

⊂ 4.2 이론적 배경

이절에서는 노래를 교재로 보는 가와구치·요코미조(川口·橫溝 2005: 93 – 101)의 설명을 요약·설명하고자 한다.

교재를 특정 교육의 목적을 달성하기 위하여 사용하는 모든 미디어로 정의를 내린다면 노래 역시 교재의 범주에 넣을 수 있다. 영어교육의 분야에서는 노래를 수업에 도입하는 것에 대해 다음과 같은 견해를 보인다. 첫째, 수업에 변화를 시도하는 데에 도움이 되며 학습자도 흥미를 나타내기는 하지만, 배경음악과 같이 단순히 즐기고 끝나버릴 소지가 있다. 둘째, 교과서의 내용에 따라서는 적절한 음악이 적용되는 경우에 그것을 선택하여 수업에서 사용하거나 하는 경우가 있지만, 학습자 쪽은 수동적이 되어 버리기 쉬우므로 그만큼 관심을 보이지 않으며 적극적으로 듣거나 하지 않는다. 셋째, 테이프 레코더로 들려주고 교사가 해설하는 것만으로는 분위기 조성은 되지만 영어를 듣는 힘은 신장되지 않는다. 왜냐하면 중학생이라면(고등학생도 물론) 사춘기에 들어가버려 유아적인 노래를 듣거나 노래하거나 할 기분이 들지 않기 때문이다. 그렇다고 해서 그들의 정신연령에 맞는 노래를 채택할 경우, 문법적으로도 내용적으로도 어려워지고 교사가 해설한다고 해서 문제가 간단히 해결되는 일은 많지 않다. 넷째, (전원이 노래하며 즐기는 경우) 결코 전원이 노래를 부르고 있는 것은 아니다. 학습자 전원의 정신연령에 맞는 노래가 있기 어렵기 때문이다. 마지막으로 가사를 학습자에게 번역시키려고 생각해도 가사는 시의 일종이고, 도치나 생략이 많으며 내용적으로도 파악하기 어려운 것이 많다. 이와 같이 영어교육 분야에서는 노래를 수업에 도입하는 데에 있어서 부정적인 시각을 보인다.

한편 노래를 교실활동으로 도입하는 데에 긍정적인 시각도 있다. 우선 음악이나 노래를 부르는 것으로 편안하고 안정된 상황이 만들어지며, 가사의 내용이 학습자의 기분이나 감정에 호소하는 것이 있다. 그리고 명곡은 마음에 남고, 메시지가 전달되며, 음악이나 노래를 부르는 것으로 학습자는 수업이 즐겁다고 느끼는 경우가 많으므로 노래를 과감히 교실활동에 도입하는 것도 고려할 필요가 있다는 것이다.

그런데 노래를 교실활동으로 도입할 경우 교사가 명심해야 할 것이 있는데, 우선 교사는 음악이나 노래를 진지하게 취급해서는 안 된다. 그리고 노래를 교실활동에 도입을 하게 되면 다른 반 수업에 방해를 초래하게 되며, 수업 진도와는 관계가 없으므로 시간낭비가 된다. 팝뮤직의 경우에는 속어가 많아 학습에 별 도움이 되지 않으며, 수업 목표를 세우기가 어려우며, 학습자는 듣기만을 선호할 뿐 그 외의 행동은 달가워하지 않는다. 또한 학습자는 노래를 부르지 않으며 학습자에 따라서는 노래에 너무 열중하는 경우도 있다.

노래를 교실활동으로 도입하여 수업을 진행하는 방법으로는 예를 들면 현재 일본음악 히트곡 순위를 일본어로 작성하게 하거나 각자가 좋아하는 곡을 일본어로 서로 말하며 적게 한다. 또한 노래 가사의 특정 부분을 숨긴 프린트물을 배부하고 노래를 들려주면서 특정 부분을 메꾸도록 한다. 그리고 가사에 맞는 작문 연습을 하도록 하는 방안도 실행해 볼 수 있다.

교재로서 노래를 사용하는 방법으로는 노래를 문자교재로 사용한다든지, 청취, 쓰기 교재로 사용하는 방법을 들 수 있다. 또한 대부분의 노래는 주어와 목적어가 생략된 형태로 사용되므로 누가 누구에게 그렇게 했는지를 분명히 밝혀 주는 완전한 문장으로 바꾸게 한다든지, 문형을 뽑아 드릴 연습을 시킨다든지 고급 일본어 학습자에게는 미리 가사 프린트를 배부해 두고 학습자에게 해석을 하도록 한다든지 가사 내용을 토론으로 발전해 나갈 수 있도록 한다.

필자는 노래를 교실활동의 도입하는 것에 부정적인 측면보다 긍정적인 측면이 더 많다는 견해를 지닌다. 다음의 절에서는 필자가 실제로 교실활동에서 노래를 도입한 수업 사례를 소개하기로 한다.

4.3 노래교재를 활용한 수업 방안

이절에서는 노래교재를 통한 수업 방안으로 두 가지 방안을 제시하고 각각의 과정을 설명하기로 한다.

4.3.1 A타입

SMAP는 일본에서, 한국에서(주로 젊은층) 매우 인지도가 높은 음악그룹이다. 데뷔 이래 수많은 히트곡을 남겼는데, 그 중에서 2003년 음반으로 발매된 후 팬들로부터 수많은 사랑을 받은 곡이 「世界に一つだけの花」라는 곡이다. 이 곡은 일본어 교육적인 측면에서 볼 때, 유익하고 교훈적인 내용을 담고 있고 누구나 다 쉽게 따라 부를 수 있는 멜로디여서 교실활동에 도입하기에 매우 적절하다고 할 수 있다. 노래 가사를 제시하면 다음과 같다.

世界に一つだけの花

花屋の店先に並んだいろんな花をみていた

ひとそれぞれ好みはあるけど、どれもみんなきれいだね

このなかで誰が一番だなんて争うこともしないで

バケツのなか誇らしげにしゃんと胸を張っている

それなのにぼくら人間はどうしてこうも比べたがる?

一人一人違うのにそのなかで一番になりたがる?

そうさ僕らは世界に一つだけの花

一人一人違う種をもつ

その花をさかせることだけに

一生懸命になればいい

困ったように笑いながらずっと迷ってる人がいる

頑張ってさいた花はどれもきれいだから仕方ないね

やっと店から出てきたその人が抱えていた

色とりどりの花束とうれしそうな横顔

名前も知らなかったけれどあの日ぼくに笑顔をくれた

誰も気づかないような場所でさいてた花のように

そうさ僕らも世界に一つだけの花

一人一人違う種をもつ

その花をさかせることだけに

一生懸命になればいい

小さい花や大きな花一つとして同じものはないから

NO.1にならなくてもいい

もともと特別なonly one

위의 가사를 한국어로 번역하면 다음과 같다.

세계에 단 하나뿐인 꽃

꽃가게 앞에 늘어선 수많은 꽃을 보고 있어

사람들 제각각 좋아하는 꽃은 따로 있지만,

내겐 어느 것이나 모두 예뻐 보여

이 꽃들 가운데 누가 가장 예쁘다고 다투는 일도 없이

바구니 속에서 자랑스러운 듯이 제각각 가슴을 펴고 있어

그런데도 우리들 인간은 어째서

이렇게도 비교하고 싶어하는 거야?

한 사람 한 사람 제각각 다른데도

그 안에서 왜 가장 일등이 되고 싶어 하는 거야?

그래 우리들은 세계에 단 하나뿐인 꽃들이야

한 사람 한 사람 다른 씨앗을 가진

그 꽃을 피우기 위해서 열심히 살면 되는 거야

쓴웃음을 지으면서 계속해서 헤매는 사람이 있어

열심히 노력해서 핀 꽃은 어느 것이든 예쁘니

어쩔 수 없는 거 아닌가?

가게에서 나온 그 사람이 안고 있는

형형색색의 꽃다발과 기뻐 보이는 옆얼굴

이름도 몰랐지만 그날 내게 미소를 주었어

아무도 모르는 곳에서 피어있던 꽃처럼

그래 우리들은 세계에 단 하나뿐인 꽃들이야

한 사람 한 사람 다른 씨앗을 가진 그 꽃을 피우기

위해서 열심히 살면 되는 거야

자그마한 꽃이랑 큰 꽃, 하나같이 같은 것은 아니니

최고가 되지 않아도 돼! 원래 특별한 only one

필자는 아래와 같이 특정 단어들을 빈칸으로 한 후 그것을 복사하였다. 이때 필자는 당연히 원본을 가지고 있었다.

(花屋)の店先に並んだ (いろんな)花をみていた

ひとそれぞれ好みはあるけど どれもみんなきれいだね

このなかで誰が(一番)だなんて争うこともしないで

バケツのなか誇らしげにしゃんと胸を張っている

それなのにぼくら人間はどうしてこうも比べたがる?

一人一人違うのにそのなかで(一番)になりたがる?

そうさ僕らは世界に一つだけの花

一人一人違う種を(もつ)

その花をさかせることだけに

(一生懸命)になればいい

困ったように笑いながらずっと(迷ってる)人がいる

頑張ってさいた花はどれもきれいだから仕方ないね

やっと(店)から出てきたその人が抱えていた

(色)とりどりの花束とうれしそうな(横顔)

(名前)も知らなかったけれどあの日ぼくに(笑顔)をくれた

誰も気づかないような(場所)でさいてた花のように

そうさ僕らも世界に一つだけの花

一人一人違う種を(もつ)

その花をさかせることだけに

一生懸命になればいい

小さい花や大きな花一つとして同じものはないから

NO.1にならなくてもいい

もともと(特別な)only one

이때 노래 가사를 학습자들에게 바로 배부하는 것이 아니라 우선 가수와 곡 소개를 하고 나서 노래를 들려준다. 학습자의 수준이나 교실 상황에 따라 다를 수도 있으나 두 번 정도 들려주고 멜로디에 익숙해질 수 있도록 한다. 그 다음에 빈칸이 들어간 가사를 배부한다.

노래 가사를 가지고 수업을 운영하는 방법으로 그룹을 만들어 게임 형식으로 빈칸을 채우도록 하는 방법이나 옆 사람과 함께 혹은 각자 빈칸을 채우도록 하는 방법이 있다. 협동심을 키우기 위해서라면 그룹별로 학습자들이 서로 의논하며 빈칸을 채우도록 하는 방법이 바람직할 것이다. 위에서 제시한 가사는 수준이 다른 수업에서도 사용할 수 있다. 수준별로 빈칸에 들어가는 단어를 바꾸면 되기 때문이다. 발음이 비교적 정확하게 들리는 부분을 빈칸으로 하는 것이 바람직하다.

빈칸 채우기를 완성하였다면 곧바로 정답을 말해 주지 말고 노래를 먼저 들려 주면서 자신이 받아쓴 단어가 맞는지 여부를 스스로 확인하도록 한다. 그런 다음 교사와 함께 빈칸을 위주로 주요 표현 등을 함께 배워나간다. 이때 지나치게 추상적이거나 어려운 표현은 수준별로 생략할 수도 있다. 그리고 중요한 표현이지만 발음이 다소 불분명한 경우에는 교사가 천천히 정확하게 발음하고 학습자들도 함께 발음하게 하고 노래를 통하여 재확인시킨다. 노래를 처음 들었을 때와 최종적으로 들었을 때, 가사의 내용이 어느 정도 들렸는지를 비교하게 하는 방법도 생각해 볼 수 있다. 그리고 마지막으로 노래를 따라 부르게 한다.

4.3.2 B타입

이번에는 「松たかこ」의 「恋しい人」라는 곡을 교실활동에 도입하였다. 이 곡은 여성의 섬세한 마음을 묘사하고 있으며 누구나 다 쉽게 따라 부를 수 있는 멜로디이다. 여학생이 학습자의 3분의 2 이상을 차지하므로 이 곡을 교실활동에 도입한 것이다. 노래 가사를 제시하면 다음과 같다.

恋しい人

逢いたくて逢(あ)えなくて
何度(なんど)も受話器(じゅわき)を置いた
永遠(えいえん)に永遠に
この胸(むね)の中(なか)
交差点(こうさてん)の向(む)こうに
あなたの顔(かお)見(み)つけた
変わらないその瞳(ひとみ)
一瞬(いっしゅん)時(とき)が止(と)まる
恋人(こいびと)でいるよりも　友達として側で
笑いあえてるだけで

いつもそれでよかった

もしあの日　あぁその想(おも)い

あの人に伝(つた)えたら

何か変わっていたの?

ものすごくものすごく

恋しい人の名前は

永遠に永遠に　この胸の中

交(かわ)わした言葉(ことば)の数(かず)

ひとつひとつ浮(う)かべた

臆病(おくびょう)な私へと

そっとさよならを告(つ)げる

今ならば　そう胸を張(は)って

お互(たが)いに向(む)き合って

輝(かがや)いていられる

ものすごくものすごく　恋しい人の名前は

永遠に永遠に　この胸の中

[　]反復

暖かい暖かい　優(やさ)しい光(ひかり)の中で

偶然(ぐうぜん)にすれ違(ちが)う　人波(ひとなみ)の中

離(はな)れてゆくの

그리운 사람

만나고 싶어서 못 만나서 몇 번이나 수화기를 놓았어요
영원히 영원히 이 가슴 속에 (당신이 있네요)
교차로 맞은편에 있는
당신의 얼굴을 보았어요
여전히 변함없는 그 눈동자,
순간 시간이 멈추었어요
연인으로 있기보다도 친구로 곁에서

서로 웃을 수 있는 것만으로 항상 그걸로

좋았었는데

만약 그날 아 그 생각을

그 사람에게 전했더라면 무엇이 달라졌을까요?

매우 보고 싶은 사람의 이름은

영원히 영원히 이 가슴 속에

주고받은 말의 숫자

하나하나 떠올렸어요

겁쟁이인 나에게 살짝 안녕이란 말을 전해요

지금이라면 그렇게 가슴을 펴며

서로 마주보며 서로 정겹게 지낼 수 있을텐데

매우 매우 그리운 그리운 사람의 이름은

영원히 영원히 이 가슴 속에

[   ]반복

따뜻하고 따스한 빛 속에서, 수많은 인파들 속에서

서로가 엇갈려가네요

멀어져 가네요

그 다음에 필자는 아래와 같이 번호를 붙였다.

1) 逢いたくて逢(あ)えなくて

2) 何度(なんど)も受話器(じゅわき)を置いた

3) 永遠(えいえん)に永遠に

4) この胸(むね)の中(なか)

5) 交差点(こうさてん)の向(む)こうに

6) あなたの顔(かお)見(み)つけた

7) 変わらないその瞳(ひとみ)
    一瞬(いっしゅん)時(とき)が止(と)まる

8) 恋人(こいびと)でいるよりも友達として側で笑いあえてるだけで
    いつもそれでよかった

9) もしあの日　あぁその想(おも)い

10) あの人に伝(つた)えたら何か変わっていたの?

11) ものすごくものすごく恋しい人の名前は

　　永遠に永遠に　この胸の中

12) 交(かわ)わした言葉(ことば)の数(かず)

　　ひとつひとつ浮(う)かべた

13) 臆病(おくびょう)な私へとそっとさよならを告(つ)げる

14) 今ならばそう胸を張(は)ってお互(たが)いに

　　向(む)き合って輝(かがや)いていられる

15) ものすごくものすごく　恋しい人の名前は　永遠に永遠に

　　この胸の中 [　]反復

16) 暖かい暖かい　優(やさ)しい光(ひかり)の中で

17) 偶然(ぐうぜん)にすれ違(ちが)う

　　人波(ひとなみ)の中　離(はな)れてゆくの

　　필자는 번호가 붙여진 위의 가사를 학습자들에게 배부하기 전에 우선 노래를 한번 들려주고 어느 정도 들리는지 파악하였다. 대부분 들린다고 하는 학습자는 전체 4분의 1을 넘지 못했다. 그 다음에 위의 가사가 들어간 자료를 학습자들에게 배부하고 다시 한 번 노래를 들려주면서 노래를 따라 부르도록 하였다. 단어와 문법 설명을 하고 전체의 내용을 세부적으로 파악하도록 하였다.

　　이번에는 각자 혹은 옆에 앉은 학습자와 의논하며 가사의 제목인 「恋しい人」에 관계되는 단어와 표현을 찾도록 하였다. 예를 들면 1번 문장에 나오는 「会いたくて会えなくて」를 말하면 정답으로 간주하는 것이다. 어떤 학습자가 특정한 단어나 표현을 찾으면 곧바로 정답 여부를 말하지 말고, 왜 그것이 답인지 묻고 정확하게 대답을 하면 맞은 것으로 인정하고 상을 주었다. 그런 다음 필자는 학습자들이 말한 단어나 표현 등을 심도있게 설명해 나갔다. 마지막으로 가사를 보지 말고 노래를 다시 한번 들려주고 어느 정도 들리는지를 물어보았더니 이번에는 거의 대부분의 학습자들이 모두 들린다고 대답하였다. 거의 다 들리는 것이 당연한 것이기는 하지만, 의외로 학습자들은 이러한 현상에 대해 신기한 모습을 감추지 않았다. 자신감을 가지는 모습이 역력한 것을 볼 수 있었다.

4.4 학습자들의 반응

이하 필자가 노래를 활용한 수업을 통해 확인해 본 학습자들의 반응을 소개하면 다음과 같다. 첫째, 노래를 활용한 수업은 문법역독식을 위주로 하는 지루한 수업 분위기를 변모시키는 데에 상당한 효과가 있었다는 것이다. 노래를 듣고 부르는 것으로 인해 학습자들은 편안하고 안정된 수업 분위기를 음미하는 모습이 역력하였으며, 실제로 다수의 학습자가 그렇다고 대답하였다. 학습자들은 노래를 결코 배경음악과 같이 단순히 즐기는 태도를 취하지 않았다.

둘째, 노래를 활용한 수업을 통해서 학습자들은 결코 수동적인 자세를 취하지 않았으며, 노래에 관심을 보이지 않거나 적극적으로 듣지 않거나 하는 모습을 발견할 수 없었다.

셋째, 처음과 마지막에 MP3 파일로 음악을 들은 학습자들은 들리는 정도가 판이하게 다름을 확인하였는데, 이것이 실제로 일본어를 듣는 힘이 신장된 것이 아니라고 해도 듣는 것에 대해 자신감을 가지게 하는 계기가 되었다고 인정한 학습자가 많았다는 것이다.

넷째, 노래 가사의 문법적인 면이나 내용적인 면에서 학습자들이 이해를 도모하는 것이 그리 어렵지 않았다는 것이다. 노래가사에 도치나 생략이 많았음에도 불구하고 내용적으로도 파악하는 데에 어려움이 있는 것 같지는 않았다.

다섯 번째, 노래 가사를 따라 부르게 했을 때, 이론적 배경에서 언급한 것처럼, 결코 전원이 노래를 부르지는 않았다. 그러나 그렇다고 해서 노래를 부르지 않은 학습자들이 수업과 무관한 행동을 취하지는 않았다.

여섯 번째, 노래 가사의 내용이 학습자의 기분이나 감정에 진정한 감흥을 준 부분이 있다는 것을 학습자들의 표정을 통해서 느낄 수 있었다. 즉 필자가 들려준 이 두 곡을 통해서 메시지가 전달되고, 뭔가의 형태로 인생을 새롭게 주시할 계기를 맞이하게 되었다는 느낌을 필자는 받았다. 실제로 몇몇 학습자들이 그렇게 말하기도 하였다.

마지막으로 학습자 대부분이 노래에 몰입을 하는 태도를 보였다는 것이다. 그리고 노래를 통한 교실활동이 다른 반 수업에 방해를 초래하지 않았다.

지금까지 살펴본 바와 같이 노래를 활용한 교실활동은 4.2절에서 제시한 노래의 부정적인 측면보다는 긍정적인 측면이 훨씬 더 많았음을 필자는 확인하였다.

일본어 교재론

4.5 나오기

이상에서 살펴본 바와 같이 노래는 학습자들이 지루하지 않게, 능동적으로 학습을 할 수 있다는
장점을 지닌다. 특정한 노래를 열심히 따라 부르고 가사를 음미하는 동안에, 그 가사의 내용은 학습
자 자신의 것이 될 수 있는 것이다. 의미는 모르지만 노래 가사를 흥얼거리는 경우가 있는데, 이것
이 바로 노래교재가 주는 커다란 장점이 아닐까 생각한다. 자연스럽게 노래 가사의 내용이 몸에
배이도록 한다는 점에서 노래의 뛰어난 학습 효과를 인정할 수 있는 것이다.

노래는 학습자 개인이 활용할 수도 있다. 텔레비전이나 라디오보다 쉽고 재미있게 일본어 학습
을 할 수 있는 것이다. 학습자 중에는 자신이 좋아하는 노래를 통해서 자신의 수준보다 훨씬 높은
수준의 표현을 구사하는 경우를 자주 보곤하는데, 그러한 표현을 어디에서 배웠냐고 물어보면 대부
분 저절로 생각이 났다고 대답한다.

제5장

산교재를 통한 일본어교육 활용 방안

본장에서는 산교재를 이용한 일본어교육 즉 쓰기 교육과 읽기 교육의 활용 가능성에 대해서 살펴보도록 한다.

이미 제4장에서 언급한 바와 같이 산교재란 교육을 위하여 만들어진 교육 교재가 아닌, 실생활에서 사용되고 있는 소재를 교재로 이용하는 경우, 그 소재를 말한다. 일반적으로 산교재는 신문이나 소설, 뉴스 등의 매체가 교실활동의 일환으로 채택되는 경우가 많다.

그런데 필자는 이러한 통념을 버리고 산교재로 현재 필자가 소속하고 있는 K대학교를 산교재로 한 일본어 쓰기 및 읽기 교육의 가능성을 제시하고자 한다. 필자는 지난 2010년 9월에서 12월까지 '대구의 향기 UCC 동영상 제작 프로젝트'를 실시하였다. 이하의 절에서는 이들 프로젝트의 실행 과정과 그러한 과정을 통해 학습자들의 일본어의 읽기 및 쓰기 능력이 어떻게 향상될 수 있는지에 대해서 살펴보도록 하겠다.

일본어 교재론

5.1 프로젝트의 성격과 내용

K대학교에서 시행하는 전공심화 프로젝트에서 필자가 신청한 과제 '대구의 향기 UCC 동영상 제작 프로젝트'가 선정되었는데, 이절에서는 필자가 신청한 프로젝트의 성격과 내용에 대해서 간략하게 언급하기로 한다.

우선 제1차 모임(2010년 9월 10일)에서 5명의 일본어문학과 학생들을 대상으로 '대구의 향기 UCC 동영상 제작 프로젝트'를 발족하였다. 이하 프로젝트 명과 프로젝트의 소개 및 목표, 프로젝트의 내용을 제시하면 다음과 같다.

가. 프로젝트명 : 대구의 향기 UCC 동영상 제작 프로젝트

나. 프로젝트의 소개 및 목표 :

일본어문학과 학생들을 주축으로 하여 대구시와 대구시 인근지역의 명승지나 유서 있는 곳을 동영상 혹은 사진으로 촬영하여 대구시를 찾는 일본인(학생)들에게 일본어와 음악이 들어간 영상을 제작한다. 학생들의 동영상 혹은 사진 편집 능력의 제고와 일본어 능력(읽기 및 쓰기)의 함양이 기대되며 대구를 찾는 일본인들에 대한 대구시 홍보 효과가 기대된다.

다. 프로젝트 내용

1) 특정 동영상, 사진에 관련된 내용에 대응하는 일본어 표현을 심도있게 고찰한다.

2) 각자 번역한 내용이 어느 정도 효율적으로 일본인들에게 자연스럽게 전달될 수 있는지를 토론하고 학습한다.

라. 프로그램의 운영 방법

첫째, 교수는 학생들을 모집하고 소집한다.

둘째, 교수는 학생들에게 프로젝트 소개를 구체적으로 하고 금후 본 프로젝트의 성공적인 실현을 위한 대략의 시나리오에 대해서 논의한다.

셋째, 교수는 대구시와 대구시 인근 지역의 유서 있는 지역을 인터넷이나 책자를 통해 각자 파악하게 하고 정기적으로 대상을 좁힌다.

넷째, 교수는 동영상, 사진 촬영을 할 시기를 결정한다.

다섯째, 교수는 학생들과 함께 주말을 이용해서 미리 계획된 장소를 다니며 동영상 혹은 사진 촬영을 한다.

여섯째, 교수는 촬영을 마친 동영상이나 사진 자료의 취사선택을 통한 최종적인 편집 과정을 학생들로 하여금 거치도록 한다.

일곱째, 교수는 학생들과 함께 최종적인 편집 과정을 거친 후, 특정 동영상이나 사진 자료에 걸 맞는 배경 음악 선정을 위한 토론을 가진다.

여덟 번째, 교수와 학생들은 특정 동영상이나 사진에 들어갈 내용을 구체적으로 토론한다.

아홉 번째, 교수는 학생들로 하여금 특정 동영상이나 사진에 들어갈 내용을 한국어로 작성하고 대응하는 일본어 표현을 만들도록 한다.

열 번째, 완성된 일본어 자막 내용을 최종적으로 일본인 원어민 교수에게 검토를 의뢰하고 원래 학생들이 만든 일본어 문장과 어떻게 다른지를 살펴보도록 한다.

열한 번째, 인터넷으로 동영상이나 앨범 편집 그리고 배경음악과 자막 삽입 기술을 거쳐 최종적으로 동영상과 앨범 작업을 완성한다.

마지막으로 자체 제작한 동영상과 사진 앨범을 최종적으로 수정한다.

이하의 절에서는 UCC 동영상 제작에 관련된 일련의 과정을 소개하고 학생들의 일본어 쓰기 능력과 읽기 능력이 어떻게 향상될 수 있는지 그 과정을 살펴보기로 하겠다.

5.2 학생 모집과 소집

필자가 UCC동영상 프로젝트 건으로 학과 홈페이지를 통해 희망자를 모집한 결과 총 5명의 지원자가 당 프로젝트에 지원하였다. 지원자는 다음과 같다.

1) 김하나(여) : 일본어문학과 4학년
2) 김혜영(여) : 일본어문학과 4학년
3) 유성옥(여) : 일본어문학과 4학년
4) 권상철(남) : 일본어문학과 3학년
5) 하힘찬(남) : 일본어문학과 3학년

필자는 제1차 모임에서 위의 학생들에게 5.1절에서 제시한 가-라의 내용을 소개하였다. 그리고 당 프로젝트의 성공적인 실현을 위해 다음과 같은 자체 규칙을 마련하였다.

1) 결석해서는 안 된다.
2) 현장 촬영은 주말이나 평일 빈 시간을 이용해서 한다.
3) 촬영이나 동영상 제작에 협조하지 않으면서 팀원으로 활동하지 않도록 한다.
4) 일률적으로 프로젝트를 담당하는 것이 아니라 각자 잘 하는 부분을 맡아서 하도록 한다.

⊂ 5.3 촬영 장소의 지정 및 담당자 선정

제2차 모임(2010.9.17)에서는 대구시와 대구시 인근 지역의 유서 있는 지역을 인터넷이나 책자를 통해 각자 파악하고 그 가운데에서 촬영 대상지를 선정하고자 하였다. 그러나 이 프로젝트가 처음 시행되는 것이고, 그에 따른 시행착오를 최소화하고자 촬영 대상지를 우리 K대학교로 선정하기로 최종 의견을 모았다. 이에 필자는 우리 학교 홈페이지를 보면서 촬영 장소를 학생들과 협의하고 장소 소개를 위하여 각자 희망하는 특정 장소를 선정하도록 하였다.

촬영 장소와 장소 소개 책임자는 다음과 같이 선정하였다.

연번	촬영 장소	책임자	연번	촬영 장소	책임자
1	인문대학	하힘찬	11	아트센터	권상철
2	일본어문학과	김하나	12	지하철 K대역	김혜영
3	학과 사무실	유성옥	13	노천강당	하힘찬
4	학과 세미나실	김혜영	14	대운동장	김하나
5	본관	권상철	15	약대와 의대	하힘찬
6	도서관	유성옥	16	신바우어관	하힘찬
7	아담스 채플	김혜영	17	수업 장면	김하나
8	한학촌	권상철	18	메타세콰이어	권상철
9	기숙사	유성옥	19	무안로	유성옥
10	행소박물관	김혜영	20	정문	김하나

그 다음으로 필자는 학생들에게 위의 촬영 장소를 학교 홈페이지에서 검색하거나 직접 방문하여 얻은 정보를 한국어로 작성하고 최종적으로 내용이 다듬어지면 일본어로 작성하도록 하였다. 제3차 모임에서는 우선 한국어로 각 장소를 소개하는 글을 써오도록 하였다.

5.4 촬영 장소의 한국어 소개 글 작성 및 검토

제3차 모임(2010년 10월 1일)에서는 제2차 모임에서 선정한 촬영지의 소개 글을 검토하였는데, 실제로 작성해 온 학생들의 글을 소개하면 다음과 같다.

먼저 김하나 학생이 작성해 온 한국어 소개 글부터 보도록 하자.

일본어문학과

1973년 지방 최초로 K대학교에 일어교육학과가 설치된 이래, 1982년 일어일문학과로 명칭을 변경하고, 1997년에는 학부제 실시와 함께 일본어문학과로 명칭이 변경되어 현재에 이르렀다.

우리학과는 다양한 취업 진로(기업체, 통번역, 복수/다전공, 교사, 대학원 진학)에 맞추어 다양한 매체와 방법을 통해 원활하게 일본어 능력을 기를 수 있도록 많은 교육을 하고 있다.

또한 우리학과는 이러한 일본 전문가를 양성하기 위해 일본 현지의 다양한 프로그램을 개설하고 운영하고 있다. 장기 프로그램으로는 현지학기와 교환학생, 단기 프로그램으로는 하계 어학연수(SAP)가 있다.

역사와 전통의 우리학과 졸업생(1977년 이후)은 현재 대학교수로 재직하고 있는 졸업생, 초·중·고등학교 교사, 각종 기업은 물론, 전문 통역사(서울시청, 고령시청 등), 한국관광공사, 일본기업(아사히 글래스, 레오팔레스, NEC 등), 일본 현지기업(IT기업 및 호텔) 등 다방면의 분야에서 맹활약을 하고 있다.

K대학교 정문

1999년 5월 20일 개교기념식에 맞춰 준공한 정문은 세 개의 구조물과 12개의 이오니아식 기둥으로 구성되어 있다. 기독교의 가장 중요한 교리인 성부, 성자, 성령 즉 삼위일체의 하나님을 상징함과 동시에 교육이념인 진리, 정의, 사랑을 의미하는 세 개의 구조물과 예수님의 12제자와 계명 구성원을 의미하는 24개 기둥은 각각 계명의 설립 이념을 반영하고 있다.

일본어문학과 수업 장면

학생들이 일본어학, 문학, 그리고 문화의 지식을 폭넓고 깊게 이해할 수 있도록 하여 창의적, 비판적 능력을 겸비한 일본 전문가를 양성할 수 있도록 일본인 교수님과 일본인 학생들이 함께 수업에 참여하고 있다.

읽기, 쓰기, 말하기 등 여러 가지 매체를 통해 학생들의 질문과 답변에 응하여 이것을 바탕으로 일본문화와 일본어를 체계적으로 이해하는 데 서로 많은 교류를 하고 있어 일본어 회화 실력을 향상시켜 나가는 우리 학생들은 재미있고 알찬 수업을 하고 있다.

대운동장

대운동장은 대구 최초의 인조잔디 축구장을 비롯해 우레탄 트랙, 인라인 스케이트장, 스탠드를 갖춘 다목적 체육공간으로 2003년 11월에 완공되었다. 월드컵 공식 구장 규격을 갖춘 큰 면적의 이 구장은 폭우가 내리더라도 3시간 후에 바로 사용할 수 있는 기능성을 자랑하고 있으며 육상 경기장의 공식 규격을 갖춘 육상 트랙 및 인라인 스케이트와 자전거를 탈 수 있는 외부 트랙이 갖추어져 있으며 1,200명을 수용할 수 있는 스탠드에는 10개의 학생 동아리 실을 비롯해, 탁구장, 샤워장, 세면실 등의 시설이 구비되어 있다. 또한 해마다 대운동장에서 학생들의 협동심과 즐거움을 느낄 수 있는 체육대회도 열리고 있다.

둘째, 김혜영 학생이 작성해 온 한국어 소개 글을 보도록 하자.

행소박물관(行素博物館)

1978년 5월 대명 캠퍼스에서 개관한 이래 개교 50주년을 맞이하여 2004년 6월 성서캠퍼스에 당시 K대학교 총장의 아호를 따서 행소박물관으로 새롭게 출발하게 되었다. 지하 1층에서 지상 2층까지의 건물로 2개의 상설 전시실과 1개의 특별 전시실, 그리고 시청각실 등의 교육시설과 커피숍이 있어 관람 전후의 여유도 즐길 수 있는 공간이 마련되어 있다.

상설 전시실에는 구석기 시대에서 조선시대에 이르는 다양한 유물들이 전시되고 있으며 특별 전시실은 시기별 다양한 주제로 기획 전시가 열리는 문화 공간이다. 2005년에는 '대영박물관' 대구전이, 2007년에는 '중국국보전' 등 대형 전시회가 잇따라 열리며 지역문화 공간의 대명사로 자리 잡고 있다.

또한 2005년 '대영박물관' 대구전과 같은 기획 전시회는 어느 때, 어느 곳에서나 볼 수 있는 전시회가 아니다. 유물들이 지역별로 나뉘어져 전시되었고, 그 진귀한 유물들에 학생들은 눈을 빼앗겼다. 그리고 가장 흥미진진하게 했던 전시품은 실제 미라와 그 관이었다. 또 그 미라를 만드는 방법에 대해 관람객들에게 알려주며 학생들의 궁금증을 해소시키기도 하였다.

아담스채플

로마네스크와 비잔틴 양식이 같이 어우러진 복합 양식의 건축물인 아담스 채플은 개교 45주년을 맞아 K대학교 설립자인 안두화 박사의 업적을 기념하기 위해 지어진 건물로 아담스 채플은 지하 1층에서 지상 3층으로 1999년 3월에 준공되었다. 1층에 1000석 규모의 대예배실을 비롯해 교목실, 기도실이 있으며 2층은 상담실, 신앙의 쉼터, 세미나실, 기독교 센터, 3층에는 200석 규모의 중예배실, 지하에는 친교실과 식당 등이 위치해 있다.

아담스 채플은 또 야경이 매우 아름답다. 특히 겨울, 크리스마스 시즌이 되면 아담스 채플은 크리스마스를 맞이해 꼬마전구로 치장하게 되는데, 밤이 되어 환하게 켜진 불빛 아래에서 보이는 야경은 도로 위 가득한 자동차들과 가로등, 또 저 멀리 보이는 대구타워가 일품이다. 많은 사람들이 야경을 보기 위해 아담스 채플을 찾는다. 또 아담스 채플에는 국내외에서도 유명한 크고 웅장한 오르간이 설치되어 있고 매우 수요일마다 무료 오르간 연주회가 열려 감상할 수도 있다. 외부에서 손님이 오면 가장 먼저 들르는 곳이기도 하다.

K대역

대구 지하철 2호선 역중 하나인 K대역. 그 이름의 유래는 역 인근에 지방사학의 명문 K대학교가 자리잡고 있어 붙여졌다. K대 역을 중심으로 북쪽으로는 K대학교의 아트센터가 있으며 서쪽으로는 K대학교 정문이 있다. 남쪽으로는 '모다 아울렛'이라는 쇼핑몰들이 자리 잡고 있어 쇼핑을 하는 데 용이하다. 또 지하철 2호선의 노선 가운데 유일하게 학교 이름을 따서 만들어진 역이다.

학생들이 등하교 하는 데에 있어 K대 역에서 정문까지는 도보 약 3분 정도로 매우 가깝고 학교에서 대구 중심가까지도 약 20분여분 만에 갈 수 있기 때문에 매우 편리하다.

K대 역은 대구 도시철도공사가 행하는 서비스 '자전거 무료 대여 서비스'를 실행하고 있는 곳이기도 하며, 대여 시간은 06:00-22:00까지로 신분증을 제시하면 누구나 대여가 가능하다.

학과 세미나실

학과사무실 옆에 위치하고 있는 학과 세미나실은 교수님들과 함께 하는 각종 스터디가 행해지는 곳이며, 일본어문학과 학생이라면 누구든지 자유롭게 이용할 수 있는 학습 공간이다. 일본어에 관한 각종 자료들이 구비되어 있으며, 그룹 스터디가 있는 시간을 제외하고는 모두 이용할 수 있다. 시험 기간 때에는 공부를, 그 외에는 학과 친구들과 함께 시간을 보낼 수 있는 곳이다. VTR 자료를 시청할 수 있으며, 일본어문학과 간부들의 회의실로도 이용이 되며, 각종 대회에 나갈 때에도 연습장소로도 쓰이는 유익하고 아늑한 공간이기도 하다.

또한 VTR뿐만 아니라 냉난방기가 있어 여름에는 시원하게, 겨울에는 따뜻하게 이용할 수 있다. 일본어 원어연극제 등에서 사용되는 도구들을 모아놓기도 한다.

이용 중 궁금한 사항이 생기면 언제든지 옆의 학과사무실로 가서 해결할 수 있으나 다른 쪽으로는 타 학과 교수님 연구실이 있어 방해가 될 수도 있으므로 너무 시끄럽게 해서는 안 된다.

셋째, 유성옥 학생이 작성해 온 한국어 소개 글을 보도록 하자.

도서관

K대학교 학생들의 학문에 대한 열정을 볼 수 있는 동산도서관에는 서적들 말고도 다양한

정보화 시스템과 학생들을 위한 공간이 갖추어져 있습니다. 도서관의 구조는 간단하게 설명하면 이러합니다. 지하 2층 지상 4층 규모이며 도서관의 전산시스템은 끊임없이 새로운 기술을 도입하여 학생들이 사용하기 편리하게 발전하고 확장되고 있습니다. 도서관 안에 주요시설을 보면 자료실과 일반열람실, 공공 공간, 카페 등이 있습니다. 도서관 출입에 있어서는 학생증으로 출입하고 있으며 여러 사용에 있어서도 학생증을 사용하고 있습니다. 주로 학생들이 이용하는 것은 도서 대출과 열람실입니다만, 영상정보실과 멀티미디어 정보실도 이용하고 있습니다. 영상 정보실에서는 여러 가지 영상물도 볼 수 있어, 공부하다가 지루하거나 힘들면 여기서 영화감상도 할 수 있어서 학생들에게 사랑받고 있는 곳이기도 합니다.

도서관을 이용할 때에는 지켜야 하는 사항이 있습니다. 도서 반납을 철저하게 지키기, 열람실 이용 시 입실과 퇴실을 학생증 카드로 확실히 체크하기, 다른 이용자를 위해 항상 사용한 곳은 깨끗이 치우고 또한 조용히 할 것 등 여러 가지가 있습니다. 이런 사항들을 지켜가면서 도서관을 이용한다면 한층 더 쾌적한 동산도서관이 되지 않을까 생각합니다.

도서관에는 공부하거나 정보를 찾는 것 말고도 학생들은 도서관의 여러 곳에서 쉬기도 하고 이야기를 나누기도 합니다. 지하에는 카페가 있는데 공부하다가 피곤하면 커피도 마시고 쉴 수 있는 일종의 편의시설도 있습니다. 또 제가 추천하고 싶은 곳은 도서관 바로 앞에 있는 나무들과 벤치입니다. 날씨가 좋은 날에는 그 곳에 나와서 빌린 책을 읽거나 약속한 친구를 기다리거나 점심을 먹거나 할 수 있습니다. 대학생의 기분을 만끽할 수 있는 참 좋은 곳 동산도서관입니다.

무안로

K대학교 학생이라면 누구나 알고 있을 무안로(뻘줌로), 특히 영암관과 바우어관을 주로 이용하는 학생들은 이 길이 어디인지는 알고 있습니다. 왜 이런 명칭으로 불리어지고 있을까 하고 의아해하는 분들을 위해 나름대로 설명을 드리자면 다음과 같습니다. 무안로의 길의 형태는 가로수 모양처럼 되어있고 그 밑에는 벤치가 줄줄이 늘어서 있습니다. 학생들이 바우어 관에서 식사 후, 혹은 영암관이나 사회관 등에서 수업을 마치고 난 후, 무안로의 벤치에 앉아 쉬거나 다른 친구들을 기다리거나 합니다. 그렇게 사람들이 많이 앉아 있는 뻘줌로를 지나갈 때에는 무엇인가 이상한 기분이 듭니다. 제 생각은 마치 패션쇼의 런웨이를 걷는 것

같은 그런 기분입니다. 무안로를 지나갈 때면 이상하게도 그곳의 벤치에 앉아있는 사람들이 자신을 힐끗힐끗 쳐다보는 느낌이 들기도 하고 빨리 지나가야 될 것 같고, 때로는 커플들만 앉아 있어서 민망하기 그지없기도 합니다. 이것은 마치 패션쇼의 런웨이를 걷는 것처럼 남들을 의식하면서 걸어야 하는 상황 때문에 한국말로 '무안하다'해서 무안로가 된 것이 아닌가 라고 막연히 추측해 보고는 하는데요, 이 길을 무안하다고 정의하기 이전에 여러 가지 좋은 점을 발견 할 수 있습니다. 우선 가로수 같은 길목과 벤치는 마치 유럽이나 외국의 산책로 같은 기분이 들기도 하고, 주변 나무들과 계절마다 바뀌는 그 풍경은 아기자기하고 학교의 자랑거리라고 해도 손색이 없습니다. 여러분도 그냥 뻘쭘하다고 급하게 지나가기보다는 주변의 풍경과 분위기를 감상하면서 무안로를 이용한다면 아마 그 매력에 푹 빠지지 않을까 생각합니다.

기숙사

학교에서 기숙사란 빠질 수 없는 존재입니다. 여러 지역에서 온 학생들이 K대학교를 다니는 데 불편함을 덜 수 있도록 마련한 최고의 시설, 그것은 기숙사라고 생각합니다. 저도 1학년 때 기숙사를 1년 동안 이용했는데요, 그 편리함은 이루 다 말할 수 없을 만큼 최고라고 생각합니다.

기숙사의 정식 명칭은 명교생활관이라고 합니다. 기숙사 건물은 총 6개동(진리동, 정의동, 사랑동, 믿음동, 소망동, 국제학습동 등)으로 나뉘어지고, 2인 1실의 사실 외에 독서실, 세미나실, 휴게실, 세면세탁실이 구비되어 있습니다. 그리고 관리동에는 행정실을 비롯해서 중앙독서실, 헬스장과 탁구장, 매점, 종합휴게실이 있으며 800석 규모의 식당을 갖춘 식당동과 인공잔디가 구비된 야외운동장도 별도로 있습니다. 명교생활관에는 이런 여러 가지 편의 시설뿐만 아니라 학교의 자랑거리이며 전국 최초로 개설된 영어(KELI), 중국어(CLIK), 일본어(JIKU HOUSE) 등 외국어 전용 기숙사가 있습니다. 이 기숙사에는 독특한 룰이 있는데요, 정해져 있는 언어로 생활을 해야 하는 규율이 있습니다. 그래서 외국어를 좀 더 실질적으로 배우고 익히고 싶은 학생들에게 큰 도움이 되며, 그뿐만 아니라 아침, 저녁으로 외국어 수업을 하고 있다는 것이 큰 특징입니다. 외국어를 배우고 싶은 학생들에게 꼭 도전해 볼 것을 추천합니다. 이밖에도 기숙사에서는 오픈하우스라는 행사도 있으며, 시험기간에는 학생들을 위해 야식도 나눠주고 있습니다. 오픈하우스를 할 때에는 기숙사에 살지 않는 다른 학생들도 들어와서 기숙사를 구경하거나 체험할 수 있고, 기숙사 사람들의 장기자랑 무대도 볼 수 있습니다. 노래나 춤도 추고 상품도 받고, 추첨도 하는 그런 오픈하우스 행사는 기숙사생과 그렇지 않은 학생들이 함께 어우러져 즐기는 신나는 축제의 하나입니다.

이렇게 기숙사 이야기를 하고 있으니 저도 기숙사생이었을 때로 돌아가고 싶어졌는데요, 여러분 어떠세요? K대학교 명교 생활관 한번 체험해보고 싶지 않으신가요?

학과 사무실

일본어문학과 학과사무실은 일본어문학과 학생이라면 누구나 한번쯤은 가본 적이 있을 것입니다. 학과사무실에 대해서 흔히 우리가 알고 있는 것은 학생들의 성적이나 자격증을 관리하기도 하고 사무를 맡거나 상담을 하거나 혹은 개인적으로 조교 분을 만나러 가기도 하는 그런 곳입니다. 그래서 일문과 학생들에게는 편하고 익숙한 곳입니다. 영암관 2층 행정실에서 오른편으로 들어가면 가장 구석에 있는 것이 일본어문학과 학과사무실입니다. 학과사무실 앞에는 조교가 현재 있고 없고를 알 수 있는 시간표가 달려있어서 그것을 보고 출입할 수 있으며 바로 옆에는 일문과 학생들이 편리하게 이용할 수 있는 학과 세미나실도 있습니다. 학과사무실의 주요 업무는 일문과 학생들에게 여러 가지 정보와 통지를 알리는 것입니다. 일문과 학생에게 중요한 자격증 시험 날짜와 학생들이 참가할 수 있는 행사를 알리거나 교수님들의 전달사항도 들을 수 있습니다. 그래서 학생들이 종종 학과사무실에 찾아가 현재 어떤 행사나 참가모집을 하는지 알아보거나 시험은 언제부터 실시하는지 알아보거나 합니다. 일종의 정보통이라고 할 수 있겠습니다. 그리고 학과사무실은 업무적인 것만 하는 것이 아니라 일문학과 학생들의 우정을 돈독하게 해 주는 장소이기도 합니다. 학과사무실의 꽃인 조교 언니와 학교생활에 필요한 이야기를 나누거나 수다도 떨고 하는 편안한 그런 장소이지요. 그리고 그러는 사이에 잘 알지 못했던 일문학과 학생들을 마주치거나 서로 알게 되는 만남의 장이기도 합니다.

볼 일만 보고 가는 그런 곳이 아니라 일문학과 학생으로서 더 나은 생활과 만남을 위해서 찾아가는 그런 뜻 깊은 장소라고 생각합니다.

넷째, 권상철 학생이 작성해 온 한국어 소개 글을 보도록 하자.

K아트센터

붉은 벽돌과 흰 대리석 기둥의 조화에 클래식한 외관이 아름다운 아트센터이다. 최첨단 무대 시설과 음향 조명 시설이 갖추어져 있어 오페라나 뮤지컬과 같은 초대형 종합 공연물은 물론, 발레나 연극, 대중음악이나 연주회를 하기에도 어떤 어색함도 없는 고급 공연 홀이다. 객석은 총 1,954석이 있으며 객석 어느 자리에서도 공연이 한눈에 들어온다. 출연자의 아주 디테일한 생동감까지 느낄 수 있도록 설계되었다.

본관

바로 얼마 전에도 드라마 촬영지로 텔레비전 방송에도 나온 우리학교 본관은 1996년 4월 완공되었으며, 연면적 5,153m2, 3층 건물로 1954년 대명캠퍼스 개교 당시 지어졌던 본관과 동일한 양식으로 네 개의 도리아 식(Doric order: 그리스 기둥 건축 양식 중 하나) 돌기둥과 붉은 벽돌로 지어졌다. 대명 캠퍼스에 있던 대학 본부를 이곳으로 이전하게 되면서 K대학교는 본격적인 성서 시대의 개막과 함께 제2창학을 선언하게 된다. 학교의 중심이 되는 주된 업무를 처리하는 곳이 이곳이며, 본관 현관에 있는 돌 벽에는 "진리와 정의와 사랑의 나라를 위하여"라는 K대학교 교육이념이 새겨져 있다.

메타 세콰이어

도서관과 채플 언덕을 지나 동문으로 가는 길 도중에 행소 박물관 옆쪽에서부터 동문에 이르기까지 아름나운 나무들이 줄을 지어 도로 양쪽에 시 있는 길이 있다. 캠퍼스 내에 아름다운 장소가 많기로 유명한 K대에서도 손에 꼽는 장소가 바로 이곳 메타 세콰이어 길이다. 마치 영화의 한 장면 같은 이곳은 K대 학생이 아닌 사람들도 사진 촬영을 하기 위해, 이따금 새벽비가 내리는 이른 아침에 찾아온다고 한다. 계절마다 색다른 멋이 있는 포토 스폿이다.

한학촌

K한학촌은 대구시민과 전 세계인에게 자랑스런 우리의 문화를 널리 소개하고 교육하기 위해 옛날 집을 그대로 재현하여 개관한 곳이다.

K한학촌은 교육공간으로 이용되는 강학당(講學堂)인 K서당(K書堂) 및 주거 공간으로 이용되는 계정헌(溪亭軒)으로 명명한 양반가옥인 한옥(韓屋), 그리고 정원으로 구성되어 있다. 그 규모는 강학당이 135평, 민가가 104평, 기타 시설이 20평으로 총259평의 규모이다.

K서당은 달성군 구지면의 도동서원(道童書院)과 안동의 도산서원(陶山書院)과 같은 유명 서원의 형태를 본보기로 하여 훈장이 유생들을 가르치는 주 교육공간인 경천당(敬天堂)을 비롯하여 서당의 출입구이며 풍류 및 휴식공간으로 사용되는 누각인 청송루(靑松樓), 차를 마시는 전통 다실(茶室)인 문다헌(聞茶軒), 유생들이 생활하고 자습하며 휴식을 취하는 공간인 구인재(求仁齋), 집의재(集義齋), 훈장이 평상시 생활하는 공간인 온지실(溫知室)로 구성되어 있다.

계정헌은 안동 하회마을의 양진당(養眞堂)과 경주 양동마을의 향단(香壇)을 본 뜬 것으로 주로 여성들의 생활공간으로 사용되는 안채와 집안 어른이 상주하면서 손님을 접대하고 어린 자녀를 교육하는 공간인 사랑채, 머슴이 생활하는 곳이며, 마굿간, 창고 등으로 사용되는 행랑채로 구성되어 있으며, 그 모양은 입구(口)자 양반 가옥의 평면적 배치 형식이다.

그리고 정원은 우리 조상들의 전통적 정원 개념에 입각하여 각 조경 요소의 배치와 형태를 그대로 살려 유생들의 풍류 공간으로 사용되는 곳으로 익청정(益淸亭), 서운정(瑞雲亭)으로 명명하였다.

K한학촌은 서양문화를 지향하는 우리의 반성은 물론 세계화의 흐름 속에서 결코 잃지 말아야 할 한국 전통문화를 대표하는 공간으로서 그 상징성을 발현하는 데에 크게 기여할 수 있을 것으로 기대된다.

마지막으로 하힘찬 학생이 작성해 온 설명은 생략하기로 한다.

제4차 모임에서는 이상의 한국어 소개 글을 일본어로 바꾸어 오게 하고 각자 핸드폰이나 카메라로 자신들이 촬영한 사진도 가져오도록 하였다. 사진을 촬영하도록 한 것은 UCC 동영상을 촬영하기 위한 사전답사와 동영상 촬영 순서를 배열하기 위함이다.

⊂ 5.5 한국어 소개 글을 일본어로 작성하고 읽기 연습하기 ⊃

제4차 모임(2010.10.15)에서는 학생 각자들이 맡은 아래의 장소에 관련된 일본어작문 자료를 확인하였다. 이하 학생들이 작성해 온 일본어 소개 글을 학생들이 직접 촬영한 사진과 함께 제시한다. 한학촌과 아트센터 사진은 학교에서 제공한 것이다. 그리고 지면상의 제약으로 사진을 제시하지 않은 것도 있다.

먼저 김하나 학생이 작성한 일본어 소개 글과 사진을 보도록 하자.

日本語文学科

1973年、K大学校に地方で初めての日本語教育学科が設置され、その後1982年日語日文学科に名称を変更し、1997年には学部制の実施に伴い日本語文学科に名称が変更され現在に至ります。

私たちの学科は企業や通訳・翻訳家、教師、大学院進学など多様な就職進路に合わせていろいろなメディアや方法を通じて日本語の能力をため様々な教育をしています。また、私たちの学科はこのような日本専門家を養成するために現地で学べる様々なプログラムを開設しています。長期プログラムとしは現地学期と交換学生制度があり、短期プログラムとしては夏季語学研修があります。

歴史と伝統があぶれる私たち学科の卒業生は現在大学教授をはじめ、小・中・高校の教師、各種の企業はもちろん専門通訳者、韓国観光公社、日系企業や日本現地企業など多方面で活躍しています。

正門

まるでギリシア神殿を思わせるこの建造物は1999年5月20日の開校記念式に合わせて竣工された正門です。三つの建造物と12本のイオニア式の柱を含む36本の柱で構成されています。三つの建造物は三位一体というキリスト教の最も重要な教理を表すと同時に真理、正義、愛の三つの教育理念も象徴しています。

また、イオニア式の柱は12使徒を表し、残りの24本の柱はK構成員を意味するなどこの正門はKの設立理念を反映したものとなっています。

　そして美しい景色でいっぱいのK大学校キャンパスはさわやかな恋愛を描く映画やドラマのロケ地ともなっています。特にその中でも有名な「花より男子」というドラマでは正門を含む多くの場所がドラマの中に登場しています。

　K大学校キャンパスでドラマや映画を撮影した関係者たちは必ずまた訪ねたくなる魅力があるキャンパスだと賞賛を惜しまなかったそうです。

日本語文学科の授業

　学生たちに日本語学、文学、そして文化の知識を幅広く理解してもらい、創意的な能力を持った日本専門家を養成するため日本人の先生と日本人学生たちが本学科の学生と一緒に授業を行っています。かたくるしくてつまらない授業ではなく学生たちみんなが参加できるような発表をしたり、ゲームをしたりといろいろな道具を使って毎日楽しい授業をしています。

また、会話、作文、聞取りなど様々なメディアを通して学生たちの要求返事に応じ、日本文化と日本語を体系的に理解するのにお互いに多くの交流をして日本語会話の実力を伸ばしており、楽しい授業にするため、本学科の学生たちは授業以外にも日本語の能力を伸ばせる日本人の先生との会話スタディーなどいろんなスタディーを行うなどしてみんな頑張っています。

大運動場

　大運動場は大邱初めの人造芝のサッカー場をはじめ、ウレタントラック、インラインスケートリンク、観客席を備えた多目的体育空間で2003年11月に完工されました。

　ワールドカップ公式球場規格を備えた広い面積のこの球場は雨が降っても3時間後にはすぐ使うことができる機能性を誇り、陸上競技場の公式規格を備えた陸上トラック及びインラインスケートと自転車に乗れる外部トラックも完備し、1,200人を収容することができるスタンドには10の学生サークル室を含めて卓球場、シャワールーム、洗面室などの施設が完備されています。また、毎年大運動場で学生たちが協力し楽しくスポーツに興ずる体育大会も開かれています。

둘째, 김혜영 학생이 작성해 온 일본어 소개 글과 촬영한 사진을 제시하면 다음과 같다.

ヘンソ博物館

　ヘンソ博物館は元デミョンキャンパスにあったものを、開校50周年の2004年5月にソンソキャンパスに移転し、リニューアルしたもので、当時のシン・イルヒK大学総長の号をとってヘンソ博物館と名付けられました。そして地下一階から地上二階までの建物で、二つの常設展示室と一つの特別展示室のほかにも視聴覚室などの教育施設とコーヒーショップがあり、展示目的の人以外にも広く利用されています。常設展示室には旧石器時代から朝鮮時代に至るまでの多様な遺物が展示されていて、特別展示室には時期ごとに様々な企画展示が開かれています。2005年には「ブリティッシュ・ミュージアムデグ展」、2007には「中国国宝展」など大型展示会が引き続いて開かれ、地域文化空間の代名詞として認識されるようになりました。

特に2005年の「ブリティッシュ・ミュージアムデグ展のような企画展示」はいつでも、どこでも手軽にみられるような展示ではありません。遺物が地域別、国別に分けられて展示され、その珍しい遺物に学生たちは目を奪われました。そして一番興味を引いた遺物は実物のミイラと棺でした。また、そのミイラをつくる方法について観覧客にレクチャーするなど人々の好奇心を満足させました。

アダムスチャペル

　アダムスチャペルは開校45周年を記念し、K大学校の設立者であるアンドゥファ博士の業績をたたえるため、たてられた建物です。その様式はロマネスク様式とビザンチン様式の複合様式で見事な調和を示しています。竣工は1993年3月。地下一階から地上三階までの建物で、一階には一〇〇〇席規模の大礼拝室と祈祷室があって、二階には相談室、信仰の憩いの場、ゼミ室、キリストセンター、三階には二〇〇席規模の礼拝室、地下には食堂などがあります。

　アダムスチャペルはまた夜景がとても美しく見えるところです。特に冬、クリスマスを迎える頃になると、アダムスちゃぺるはイルミネーションで飾られ、夜になると明るい光の下でみる夜景は道路を走る車や街灯の光がデグの町を美しく輝かせています。また遠くに見えるデグタワーも一品です。大勢の人がこの夜景をみるためにアダムスチャペルを訪ねます。

また、アダムスチャペルには世界的に有名な大きく雄壮なパオプオルガンが設置されており、毎週水曜日に開かれるオルガン演奏会を無料で干渉することができます。外部からお客が最初に見物するところでもあります。

K大駅

　デグ地下鉄2号線の駅の一つであるK大駅、その名は地方私学の名門、K大学に由来します。K大学を中心に北にはK大学のアートセンターが、西にはK大学の正門があります。南には「モダーアウレット」というショッピングモールがあって買い物にも便利です。又、地下鉄2号線の中で学校名から名付けられた駅が唯一の駅です。学生たちが登下校に利用する際、K大駅から正門までは歩いておよそ3分ととても近く、学校からまたデグの中心地までも約20分で行けるのでとても交通便が良いです。K大駅ではデグ都市鉄道公社が行う「自転車無料貸与サービス」を実施している駅でもあって、貸與時間は06:00から22:00までで、身分証明書を提示すればだれでも利用ができます。

日本語文学科ゼミ室

　　日本語文学科事務室の隣に位置する学科のゼミ室は先生たちと供に行う各種のグループ
スタディに使われる場所であり、日本語文学科の学生であればだれでも自由に利用できる
空間でもあります。日本語や文学に関する様々な資料が用意されていて、グループスタ
ディのないときにはいつでも利用できます。試験の期間中には試験の勉強を、それ以外に
は学科の友だちといっしょに時間をつぶすところにもなります。VTR資料が視聴出来て、
時には学科の学生会の会議室にも利用されます。そして各種の大会に出るときの練習場に
もなるこじんまりはしているが有益な空間です。又、VTR資料だけではなく、暖房やクー
ラーも設置されていて、夏は涼しく、冬は暖かく勉強できるところです。日本語原語演劇
の時使われる道具を作ったり、それをおいたりする場所でもあります。隣に学科事務所が
あるので、利用の際、聞きたいことがあればいつでも聞けて便利ではありますが、近くに
は他学科の先生の研究室もあるので、うるさくして失礼にならないよう注意が必要です。

그 다음으로 유성옥 학생이 작성해 온 일본어 소개 글과 촬영한 사진을 제시하면 다음과 같다.

図書館

　　K大学の学生の学問に対する情熱が感じられるドンサン図書館です。書籍以外にもさま
ざまな情報化システムと学生たちのためのスペースが揃えています。図書館の仕組みを簡
単に説明すると次の通りです。建物は地下2階から地上7階の規模で、図書館のコンピュー
ターシステムは次々と新しい技術を取り入れ、学生が利用しやすいように今も発展してい
ます。
　　学生が主に利用している施設には、図書の貸し出しと閲覧室の他に映像情報室とマルチ
メディア情報室があります。中でも、映像情報室では映画などのいろいろな映像を観るこ
とができて、学生に愛されているところです。図書館に入る際やこれらの施設を利用する

際には学生証が必要です。また、図書館を利用するときには私たちが守らなければならないことがあります。図書の貸し出し期間をちゃんと守ること、閲覧室を利用するときは入室時と退室時に、学生証できちんとチェックすること、他の学生のために使った場所はきれいに片付けること、また、常に静かにすることなどです。このようなことを守りながら図書館を利用すれば、もっと快適なドンサン図書館になるのではないかと思います。図書館で、勉強したり情報を探したりする学生ばかりではなく、いろいろなところで休んだり話したりしている学生も見られます。地下にはカフェがあるので、勉強して疲れたらコーヒーも飲めるし話しもできます。また、私がお勧めしたいところは、図書館を出ると目の前にある、木々に囲まれたベンチです。天気がいいときはそこで借りた本を読んだり、友達が来るのを待ったり、友達とお弁当を食べたりします。大学生の気分を味わうことができる素敵な場所がドンサン図書館です。

ムアン路

ムアン(ポルチュム)路は慣れていなくて気まずい人や場所などに接したときに言う韓国の若者の言葉です。K大学の学生なら誰もが知っているポルチュム路。特にヨンアム館とよく利用する学生は、この道の名前をもし知らなくてもどこにあるのかは必ず知っているはずです。

なぜこんな名前で呼ばれているのかと不思議に思う皆さんのために、私なりに説明したいと思います。ムアン路の形は並木道のようになっていて、ベンチが並べてあります。学生たちがバウアー館で食事をした後、あるいはヨンアム館や社会館などで授業が終わった

後、ポルチュム路のベンチに座って休んだり友達を待ったりするのです。このようにたくさんの人々が座っている路を通り過ぎるときは、何だか変な気持ちになります。私の考えでは、まるでファッションショーのステージをウァーキングしているような気分です。ポルチュム路を通り過ぎると、そこに座っている人たちに自分がこっそりと見られているような気がしたり、時にはカップルばかり座っていたりして、本当に気まずくなります。このように他の人を意識しながら歩かなければならない状態を韓国語で「ポルチュム」というので、「ムアン路」になったのではないかとなんとなく想像しています。でも、この路をそんなふうに思い込む前に、いいところもあるということに注目する必要があります。まず、並木道みたいな路とベンチは、ヨーロッパを歩いているような気分にさせてくれます。また、まわりの木々や季節によって変わっていく風景はとてもきれいで、学校の自慢だと言えるでしょう。みなさんもただ気まずいと思って急いで通り過ぎずに、周りの風景や雰囲気を楽しみながらポルチュム路を歩いたらきっとその魅力にはまるでしょう。

寮

　寮は大学に欠かせない存在です。いろいろな地域からきた学生たちはK大学に通いやすいように準備された設備、それが寮だと思います。私も一年生の時に寮にいましたが、とても便利でずっとそこですみたいぐらいでした。寮の正式名称は明橋生活館といいます。寮の建物は全部で６ヵ洞（真理洞、正義洞、愛洞、信頼洞、望み洞、国際学習洞）に分かれていて、二人一室の私室以外に読書室、ジム、卓球台、売店、総合休憩室などがあって、800席の規模の食堂洞や野外運動場もあります。

明橋生活館はこのように便利な施設であるだけではなく、学校の自慢でもあり、全国初の外国語専用の寮である、英語(KELI)、中国語(CLIK)、日本語(JIKU HOUSE)があります。この寮には独特なルールがあり、決められた言語を使って生活しなければなりません。そのため、外国語を実際に使いながら勉強したいという学生たちに、とても役に立ちます。また、この寮では、朝と夜に外国語の授業をしていることが大きな特徴です。外国語を習いたい学生は、ぜひ挑戦してみることをお勧めします。

　これ以外にも寮ではオープンハウスという行事があり、そのときは寮に住んでいない学生たちを招待して、寮の中を見せたりすることができます。また、寮の学生たちののど自慢大会の舞台を観ることもできます。歌や踊りのほかに、商品のある抽選などもするオープンハウスは、K学生みんなが一丸となって楽しく遊ぶ祭りみたいなものです。こんなに寮の話ばかりしていると、私も寮に住んでいたときに戻りたくなりまいた。みなさんはいかがですか。K大学の明橋生活館、一度、行ってみたくなりましたか。

日本語文学科学科事務室

　日本語文学科の学科事務室は、たくさんの業務を引き受けているところです。みんなにとっては進路や日本語の資格試験の申し込みなどで相談しに行ったり、個人的に助教に会いに行ったりする場所だと思います。日本語文学科の学生なら誰でも一度行ってみたことはあるでしょう。だからこそ、日本文学科の学生にはとても便利で楽なところなんです。ヨンアム館2階の事務室の右側に入り、一番奥にある部屋が日本語弁学科の学科事務室です。学科事務室には助教がいつもいますが、もしいないときはドアの前の時間割で在室時

間を確認することができます。学科事務室の主な業務は、日本語文学科の学生たちにいろいろな情報とお知らせを伝えることです。重要な資格試験の日程や、参加できる行事などを知らせたり教授たちのお知らせも伝えたりします。それで、学生たちは時々学科事務室に行って、現在どんな行事や募集などをしているのかを見られます。助教は情報通といっても過言ではありません。そして、学科事務室は業務的なことだけではなく、日本語文学科の学生たちの友情を作れる場所でもあります。学科事務室の花である助教と学生の生活について話したり、雑談もしたりできる気楽な場所です。そして、この間、あまり知らなかった日本語文学科の学生と知り合える出会いの場にもなるのです。自分の用事だけ済ませて帰るような場所ではなく、日本語文学科の一員としてもっと豊かな生活や出会いを求めて訪ねる、そんな意味深い場所だと思います。

넷째, 권상철 학생이 제출한 일본어 작문 자료를 보도록 하자. 먼저 동문과 메타세콰이어를 소개한 글이다.

東門&メタセコイア道

K大学の東にある大きな入り口。学校内のヘンソ博物館や、本館、メタセコイア 道とも

近く、特に、まるで映画の一場面のようなここメタセコイア道はきれいなキャンパスで有名なK大学の中でもベスト5に入るほどの素敵な景色を誇ります。たまにKの学生ではない人も写真撮影のために、霧雨が降る朝方訪ねて来ることも…….季節が変わるごとに、また色違う風景がとてもすてきなフォトスポットです。外に出ると、様々な食べ物屋をはじめ、カラオケ、ビリヤード場などが集結している。以外にも、銀行、コンビニ、ｐｃバン、コスメティックショップ、カフェなどが集まっています。空き時間や、必要なものがある時は、遠くまで出なくても東門で済ませる場合が多いので、とてもラクです。あと、最寄り駅のK大駅は徒歩5分程度なので、市内に行く時など、移動時にとても便利です。

韓学村

K韓学村はテグ市民はもちろん、全世界に自慢の韓国文化を広く紹介し、教育するため、昔の家をそのまま再現し、開館したところです。ここには、教育空間として利用される講学堂のK書堂及び、住居空間の渓亭軒という名前の韓屋、そして庭園で構成されています。

K韓学村は西洋文化を指向している我々の反省はもちろん、世界化の流れの中、決して忘れてはならない韓国の伝統文化を代表する空間として、とても意味のあるところだと思います。

アートセンター

　赤い壁と白い大理石柱で、クラシックな外観がとても美しいアートセンター。最先端の舞台施設と音響、照明施設が備わっており、オペラやミュージカルのような超大型総合公演はもちろん、バレーや演劇、ポップコンサート、演奏会などをするのにもなんの不足のない高級公演ホールです。客席は全部で1、954席で、どの席からでも公演の隅々まで見えるよう設計されています。Kの学生のための特別割引制度もあり、Kの学生にとってはうれしいですね＾＾

本館

　テレビドラマに出るぐらい優れた外観の本館は、1996年4月に完工されました。延べ面積5,153㎡の3階建物で、1954年度Kのもう一つのキャンパスであるデミョンキャンパス開校当時立てられた本館と同じ様式で、４つのドリア式石柱と赤い煉瓦で立てられました。ここは、大学の中心となるところで、大学全体に関わる重要な業務などは大体ここで処理されます。本館の玄関の壁には「真理と正義と愛の国のため」というK大学の教育理念が書いてあります。

필자는 이상의 일본어 작문 자료를 확인하고, 수정을 한 후, 원어민 선생님들에게 최종적으로 일본어 문장을 수정받아 다음 5차 모임 때까지 각자 자신들의 원고를 소리 내어 읽도록 하였다. 그리고 각 소개 글을 읽는 데에 소요되는 시간도 정확하게 측정해오도록 하였다.

5.6 일본어 소개 글 읽기와 읽기 시간 측정

제5차 모임(2010.10.22)에서는 각자 자신들이 작성한 일본어 문장을 최대한 차분하게 읽는 시간을 가졌다. 학생들이 제출한 원고 읽기에 소요되는 시간을 제시하면 다음과 같다.

연번	촬영 장소	책임자	소요 시간	연번	촬영 장소	책임자	소요 시간
1	인문대학	하힘찬	2분30초	11	계명 아트센터	권상철	45초
2	일본어문학과	김하나	2분	12	지하철 계명대역	김혜영	1분30초
3	학과 사무실	유성옥	1분40초	13	노천강당	하힘찬	1분30초
4	학과 세미나실	김혜영	2분15초	14	대운동장	김하나	1분20초
5	본관	권상철	50초	15	약대와 의대	하힘찬	1분30초
6	도서관	유성옥	2분30초	16	신바우어관	하힘찬	1분30초
7	아담스 채플	김혜영	2분	17	수업 장면	김하나	1분30초
8	한학촌	권상철	45초	18	메타세콰이어	권상철	1분15초
9	기숙사	유성옥	2분30초	19	무안로	유성옥	2분30초
10	행소박물관	김혜영	2분	20	정문	김하나	1분20초

필자는 학생들의 발음을 들으면서 학생들 자신들이 제출한 소요 시간에 맞게 읽었는지 시간을 확인하고, 청탁음이나 요음, 발음, 장음, 인토네이션, 악센트 등을 교정해 주었다.

5.7 원고 읽기의 최종 지도와 촬영 가능일 지정, 그리고 촬영

제6차 모임(2010. 10.29)에서 우선 학생들에게 원고를 읽히고 최종적으로 발음을 지도하였다. 그 다음으로 학생들 각자의 캠코더 촬영 가능일을 정하고 아래의 자료를 각자에게 배부하였다.

	김하나	김혜영	유성옥	권상철	하힘찬
월	가능	12시 이후	12:00-14:30	09:00~12:00	09:00~12:00
화	가능	14시 이후	안됨	안됨	안됨
수	가능	12시 이후	안됨	09:00~12:00	09:00~12:00
목	가능	12시 이후	11:00-16:00	10:15~15:00	10:15-15:00
금	09:00~14:00	12시 이후	가능	10:15~13:30	09:00~13:30
토	가능	13시 이후	안됨	가능	가능

위에서 제시한 각자 스케줄 표를 참고하여 촬영으로 들어갔다.

5.8 UCC 동영상 촬영과 녹음 시간의 재조정

제7차 모임(2010. 11.12)에서는 녹음한 시간이 너무 길어 효과적인 홍보가 되기 어렵다고 판단하고, 녹음 시간을 다음과 같이 재조정하였다. 읽을 원고도 무엇을 남길지 혹은 삭제할지를 협의하고 다시 녹음일을 정하여 녹음을 하기로 하였다.

연번	촬영 장소	책임자	소요 시간	연번	촬영 장소	책임자	소요 시간
1	인문대학	하힘찬	2분30초→1분	11	K 아트센터	권상철	45초→ 30초
2	일본어문학과	김하나	2분→1분	12	지하철 K대역	김혜영	1분30초→1분
3	학과 사무실	유성옥	1분40초→1분	13	노천강당	하힘찬	1분30초→1분
4	학과 세미나실	김혜영	2분15초→1분	14	대운동장	김하나	1분20초→1분
5	본관	권상철	50초→ 40초	15	약대와 의대	하힘찬	1분30초→1분
6	도서관	유성옥	2분30초→1분	16	신바우어관	하힘찬	1분30초→1분
7	아담스 채플	김혜영	2분→1분	17	수업 장면	김하나	1분30초→1분
8	한학촌	권상철	45초→30초	18	메타세콰이어	권상철	1분15초→1분

9	기숙사	유성옥	2분30초→1분	19	무안로	유성옥	2분30초→1분
10	행소박물관	김혜영	2분→1분	20	정문	김하나	1분20초→1분

이어 제8차 모임(2010.11.19)에서는 동영상 편집, 배경음악 깔기, 한국어 자막 넣기, 녹음 끼워 넣기 등에 대한 기술적인 협의를 거친 후 최종적으로 완성을 한 후 제9차 모임에서 최종적으로 관람을 한 후, 그간 활동의 평가와 반성을 가지기로 하였다.

5.9 최종 관람 및 평가 그리고 성과

제9차 모임(2010. 12.04)에서 UCC 동영상을 관람하고 다양한 부분에 대해서 최종 평가 및 반성하는 시간을 가졌다.

이하 화면은 각자의 모습이 들어간 UCC 동영상을 캡처한 것이다. 각자의 모습과 함께 현장에서 녹음한 음성이 음악과 함께 흘러나오기 시작한다. 각자가 맡은 장소가 비춰지면서 실내에서 녹음한 자신들의 일본어 나레이션이 한국어 자막과 함께 흘러나온다.

1　　　　　　　2　　　　　　　3　　　　　　　4

1은 김하나 학생의 나레이션 장면을 캡처한 것이다. 2는 김혜영 학생의 나레이션 장면을, 3은 유성옥 학생의 나레이션 장면을, 마지막으로 4는 권상철 학생의 나레이션 장면을 캡처한 것이다.

그리고 화면 끝자락에 보너스 영상으로 다음과 같은 NG 장면을 삽입하였다.

김하나 학생의 NG 장면(보너스 영상)

전반적으로 박진감 있고 리얼한 화면이 제시되면서 일본어 소개가 잘 이루어졌지만 몇 가지 문제점이 있었다. 첫 번째의 문제점은 캠코더 촬영이다 보니 화질이 좋지 못했다는 것이다. 두 번째의 문제점은 화면의 흔들림이 많았다는 것이다. 세 번째의 문제점은 일부 자막과 화면의 내용이 맞지 않는 부분이 있었다는 것이며, 네 번째의 문제점은 일부 화면에서 자막만 제시될 뿐, 음성이 나오지 않은 부분이 있었다는 점이다. 마지막으로 캠코더 각도의 설정이 엉성해서 전달하고자 하는 중심 포인트를 잘 못 맞추는 경향이 많았다는 사실이다. 예를 들면 기숙사를 촬영할 때, 기숙사 전체 포인트를 잡지 못하고 기숙사 본연의 모습과 전혀 관계없는 복도나 건물 외벽을 촬영한 점 등을 들 수 있다.

학생들 모두가 동영상 편집에 전문적인 지식이 없는 가운데에서 제작된 것이어서 애초부터 이들 문제점들이 필연적으로 발생할 소지가 있었던 것으로 생각된다. 또한 충분하지 못한 예산과 기말고사 준비 등으로 바쁜 나날을 보내다 보니 이러한 문제점이 더더욱 발생할 수밖에 없었던 것으로 보인다.

그럼에도 불구하고 본 프로젝트는 최소한 다음의 네 가지 점에서 의의가 있었다고 생각한다. 첫 번째의 의의는 우리 일본어문학과 학생들의 전공심화 능력이 향상되었다는 데에 있다. 한국어로 소개 글을 작성하고 그것을 다시 일본어로 작성하고, 외국인 선생님과 필자에게 문법이나 발음 교정을 받고, 녹음을 위해서 수차례 반복적으로 읽어나가면서 각자 일본어 구사 능력이 향상되었다고 필자는 확신한다. 두 번째의 의의는 우리 학생들이 평소 관심을 잘 가지지 않던 학교 구석구석을 돌아다니며 촬영하고 소개 글을 작성하면서 애교심이 향상되었을 것이라는 데에 있다. 세 번째의 의의는 홍보 기술 능력이 향상되었다는 데에 있다. 막연한 그 무엇인가를 단순히 소개하는 것이 아니라 학교라는 큰 덩어리를 개념적으로 잘게 쪼개고 각각 쪼개진 부분을 클로즈업하여 그 부분이 지닌 특징에 주목하는 과정을 통해서 거시적 시각과 미시적 시각이 조화롭게 형성되었을 것이라는 점이다. 따라서 장차 자신이나 자신이 속한 환경을 효율적으로 홍보할 줄 아는 지적 능력이 갖추어 졌을 것으로 필자는 확신한다. 마지막으로 많이 미숙하긴 하였지만, 이번 기회를 통해서 동영상 편집에 관련된 제반 기술(동영상 편집, 자막 입히기, 배경 음악 깔기, 녹음한 내용 끼워 넣기, 녹음한 내용과 자막을 시간적으로 일치시켜 화면에 제시하기 등등)을 습득하게 되었다고 확신한다.

이번의 프로젝트에 참여한 학생들은 이러한 의의와 함께, 인류 속에서 자신의 얼굴을 가지면서 주체적으로 살아가는 방법을 터득하게 되는 계기를 마련하게 되었을 것으로 필자는 확신한다.

5.10 나오기

본장에서는 학교라는 공간을 통해서 학생들의 일본어 쓰기와 읽기 능력을 신장시킬 수 있는 가능성을 살펴보았다. 산교재를 신문이나 소설, 뉴스, 드라마뿐만 아니라 학교라는 공간, 그리고 일본 이외의 공간에까지 그 범위를 확장시킬 수 있음을 지금까지 보아 왔다.

앞으로 산교재의 범위를 더더욱 확장시켜 다양한 관점에서 학생들의 일본어 능력의 향상 가능성을 검토해 나가고자 한다.

일본어 교재론

참 고 문 헌

한국어문헌

강영미(2000) 「초등학교 영어 교과서 삽화 분석」 한국교원대 석사학위논문

강화진(2007) 「제 7차 교육과정 일본어 교과서 문형 분석 : 현행 10종 교과서를 중심으로」 목포대 교육대학원 석사학위
논문

권명광 「교과서 편집 디자인과 교과용 도서의 체재기준 : 교과서 연구」

기수정(2003) 「제7차 교육과정 고등학교 일본어 교과서의 문화내용분석」 부산외국어대학교 석사학위논문

김경동(1981) 『현대의 사회학』 박영사

김혜숙(2003) 「제7차 일본어 교과서의 문화내용 분석」 군산대학교 교육대학원 석사학위논문

노재성(2004) 「고등학교 일본어 교과서 삽화 분석 -제7차 교육과정 『일본어Ⅰ』을 중심으로- 계명대학교 교육대학원
석사학위논문

문지현(2008) 「일본어 교재에 나타난 삽화연구 エリンが挑戦!にほんごできますⅠ,Ⅱ,Ⅲ을 중심으로」 부산외국어대
교육대학원 석사학위논문

민혜정(2009) 『민혜정의 新전공 일본어』 푸른미디어

박윤정(2006) 「일본어 문형에 관한 고찰 : 제 7차 교육과정 고등학교 교과서 「일본어Ⅰ」을 중심으로 한남대 교육대학
원 석사학위논문

방정희(2006) 「고등학교 일본어 교과서의 삽화 오류분석에 관한 연구 -제7차 교육과정 『일본어Ⅰ』 교과서를 대상으로
-」경남대학교 교육대학원 석사학위논문

박진아(2002) 「7차 교육과정 고등학교 일본어 교과서의 내용분석 - 문화내용을 중심으로-」 한남대학교 교육대학원
석사학위논문

박형재(2008) 「고등학교 관광일본어 삽화분석」 단국대학교 교육대학원 석사학위논문

서인숙(2003) 「고등학교 일본어 교과서 삽화 오류 분석 - 제7차 교육과정 『일본어Ⅰ』을 중심으로- 고려대학교 교육대

학원 석사학위논문

서혜원(1996) 「고등학교 국사 교과서 삽화자료 분석과 그 개선 모색방안」 이화여대 석사학위논문

宋聲天(2000) 「제6차 교육과정에 따른 고등학교 일본어 교과서 〈연습문제〉의 分析」 계명대학교 교육대학원 석사학위
논문

신윤철,임동원(1993) 「교과서 삽화가 갖추어야 할 조건」 『진주초등교육연구』

윤소영(2005) 「제7차 교육과정 고등학교 일본어 교과서 문형 분석」 건국대 교육대학원 석사학위논문

윤윤정(2007) 「고등학교 일본어 교과서에 나타난 문화적 내용분석 및 지도방안」 부산외국어대 교육대학원 석사학위논문

여은화(1996) 「외국어교육에 있어서 문화지도방법」 홍익대학교 석사학위논문

이광미(1986) 『시각예술의 이해』 이화출판사

이훈애(2003) 「일본어교과서에 나타난 문화내용 연구-제7차 교육과정 고등학교 일본어 교과서를 중심으로」 한서대학
교 석사학위논문

장전선(2004) 「제7차 고등학교 일본어 교과서 I 의 문화 소재 분석」 한국외국어대학교 교육대학원 석사학위논문

전강원(2004) 「제7차 교육과정 고등학교 일본어 교과서의 문화 교육 자료 분석」 건국대학교 교육대학원 석사학위논문

천호재(2007) 「학습자의 시점에 의거한 일본어교육문법의 구축」 『일본어교육연구』

천호재(2008) 「학습자의 의식에 의거한 대학 초급일본어 교재 분석」 韓國日本語教育學會 『日本教育』 第45輯

천호재(2010) 『일본어교육의 다각적 연구 방법을 위한 다양한 시론』 한국문화사

채수경 外(1992) 「現行高等學校日本語教科書의 실러버스 分析」 同日語文硏究 동덕일어일문학회

최승주(2002) 「문화에 대한 인식이 영어학습에 미치는 영향 연구」 강릉대학교 석사학위논문

학원출판공사사전편집국(1993) 『세계대백과사전』 학원출판공사

홍지연(2008) 「6,7차 교육과정 고등학교 일본어 교과서의 내용분석 -문학, 문화를 중심으로 -」 한남대학교 교육대학
원 석사학위논문

일본어문헌

가와구치 · 요코미조(川口義一 · 橫溝紳一郎 2005) 『日本語教育ガイドブック 下』 ひつじ書房

고바야시 미나(小林ミナ 1998) 『이해하기 쉬운 教授法』 語文學社

다카미(高見澤孟 2004) 『新 · はじめての日本語教育 2』 日本語教授法入門 株式会社アルク

찾아보기

일본어 교재론

―교과서·그림교재·사진교재·노래교재·산교재(生教材)를 중심으로―

초판인쇄 2011년 5월 17일
초판발행 2011년 5월 31일

저　　자 천호재 윤주희
발 행 인 윤석현
발 행 처 제이앤씨
등록번호 제7-220호
책임편집 박채린

우편주소 132-702 서울시 도봉구 창동 624-1 북한산현대홈시티 102-1206
대표전화 (02) 992-3253(대)
전　　송 (02) 991-1285
홈페이지 www.jncbms.co.kr
전자우편 jncbook@hanmail.net

ISBN 978-89-5668-853-4 93730　　　　　　　　**정가** 14,000원